직접 우려낸
커피 한잔의 행복

직접 우려낸
커피 한잔의 행복

글을읽다 초판 발행 2016년 8월 10일

지은이 | 변진학
펴낸이 | 김예옥
펴낸곳 | 글을읽다

16007 경기도 의왕시 양지편로 37(2층)
등록 2005.11.10 제138-90-47183호
전화 031)422-2215, 팩스 031)426-2225
이메일 geuleul@hanmail.net

표지 및 본문 일러스트 | 변유정
본문 디자인 | 조진일

ISBN 978-89-93587-19-7 03590

* 책값은 뒤표지에 표시되어 있습니다. 파본은 바꾸어 드립니다.

직접 우려낸
커피 한잔의 행복

변진학 지음

| 들어가는 글 |

따뜻한 커피 한잔으로 하루를 행복하게 여는 사람들이 늘어나고 있다. 커피집도 하루가 다르게 늘어나는 것 같다. 어디가 끝일까?

오랫동안 중국차와 녹차를 마시던 북경과 동경사람들도 커피의 맛에 새롭게 매료되어 마시는 사람들이 나날이 늘어난다고 한다.

1990년대의 시애틀과 포틀랜드가 질 좋은 스페셜티 커피의 진원지이다. 모티브를 뜻밖에도 스타벅스가 주었다. 스타벅스는 미국 카페 수의 절반을 차지하고, 전세계에 2만3천 개가 넘는 점포를 가지고 있으며 여전히 세계의 커피문화를 주도하고 있다.

아시아 커피문화의 선진국인 일본도 스타벅스의 일본 진출

이전과 이후로 시대를 구분할 수 있다. 스타벅스가 들어오고 난 이후 일본도 커피 인구가 크게 늘었다. 뿐만 아니다. 장인 정신의 나라답게 일본산 커피 추출 도구는 이제 전세계의 표준의 하나가 되었다.

우리나라에도 소위 다방커피 시대를 거쳐, 세계적 인지도를 자랑하는 국산 인스턴트 커피를 사랑하는 사람들이 많다. 반면 가루커피를 사다 커피 메이커에 넣어 마시던 사무실의 문화가 이제는 차츰 볶은 원두를 사다 갈아 마시는 문화로 바뀌어 가고 있는 중이다. 나아가 폭발적으로 늘어난 프랜차이즈 커피점의 맛에 만족하지 않고 볶은 커피콩을 사다가 집에서 직접 갈아서 내려 즐기기 시작했다.

도대체 스페셜티 커피라는 기호품의 정체는 무엇이며 어떻게 하면 더 행복하게 커피를 즐길 수 있을지 알아보고 싶다.

2016년 5월

변진학

| 차례 |

커피의 기원과 카페

커피의 기원

커피나무 원산지는 에티오피아, 남수단 등 아프리카 동북부로 알려져 있다. 최초로 커피를 만들어 마신 사람들은 에티오피아 사람들인 것으로 보인다. 서기 900-1000년경 만들어진 아랍 의학사전에 커피의 생두로 추정되는 식물의 의학적 성질에 대한 기록이 남아있다.

1250년경부터 내려온 아랍의 전설에도 오마르라는 인물이 커피열매를 끓여 마시고 원기를 회복한 얘기가 나온다.

1454년 예멘의 항구인 아덴Aden의 율법학자가 에티오피아를 방문했을 때 커피라는 음료를 마시는 마을 사람들에 대한 기록을 남겼다. 그가 커피의 효능이 좋다는 것을 알고 예멘으로 돌아올 때 열매를 가져와 전파했다는 얘기도 있다.

아랍 사람들은 커피열매의 외피를 벗겨내 볶거나 불에 쬐여 번식 기능을 죽인 후 원두 상태로만 수출을 허가하여 커피나무가 다른 곳으로 퍼지는 것을 방지했다. 그런데, 어느날 수단 출신의 흑인 노예가 에티오피아에서 몸에 커피열매를 몰래 지니고 아랍세계로 가져간 것으로 추정된다.

오랫동안 커피는 아랍세계 안에서만 즐기는 음료였으나 어느 날 드디어 유럽으로 커피나무가 이동할 수 있게 되었다. 1616년 예멘 모카항을 통해 네덜란드로 커피나무를 가져오는데 성공한 것이다. 1658년 네덜란드인들은 식민지 스리랑카에 커피나무를 재배하기 시작했다. 1696년 암스테르담의 시장인 니콜라스 웨손이 식민지 자바에 커피나무를 재배하자는 제안을 하고 3년 후 자바에 커피나무가 심어졌다. 이로써 유럽이 아닌 다른 나라에서 커피나무가 재배되기 시작했다.

1714년 네덜란드에서 프랑스 왕실로 1.5미터의 커피나무가 전달되었다. 그리고 프랑스 식민지와 남아메리카, 중앙아메리카, 카리브해에 전파되었다. 1715년에는 커피나무가 프랑스령 버번Bourbon에 전해졌다.

1718년 네덜란드인들은 남미 동북해안의 수리남에 커피를 가져옴으로써 남미는 순식간에 세계 커피의 중심지가 되었다.

1727년 프랑스령 기아나에서 온 커피나무가 브라질 파라에 심어져 세계 최초의 커피농장이 생겼다.

1730년 영국은 자메이카에 커피를 보급함으로써 나중에 블루마운틴 커피가 생기는 계기가 되었다.

1825년 브라질 리우데자네이루에서 자란 커피나무가 하와이로 전해져서 오늘날 하와이가 명품 코나 커피 생산지가 되는 계기가 되었다.

1878년에는 영국령 동아프리카에 커피 묘목을 소개하여 케냐 커피 산업의 초석을 만들었다. 원산지 에티오피아와 가까운 케냐의 커피 생산은 나중에 영국을 통해 늦게 이루어질 수 있었다.

1887년 프랑스는 베트남의 통킹에 커피농장을 세웠고, 1896년에는 호주의 퀸즈랜드에서도 커피나무를 재배하기 시작했다.

이로써 아랍이 오랫동안 지켜온 커피의 비밀이 전세계에 알려지게 된 것이다.

커피 하우스-Café, Caffe.

메카 지역에 세계 최초의 카브 카니스Kaveh Kanes라는 커피집이 생겼다.

1517년에는 오스만투르크의 살림 1세가 이집트를 정복하면서 가져온 커피를 콘스탄티노플(현 이스탄불)에 전했고 1530년에는 시리아의 다마스쿠스에 커피집이 생겼다.

1615년에는 베네치아 상인들이 구입하여 공급한 커피를 교황 클레멘트 8세도 즐겼다고 한다.

영국의 최초의 커피집은 1650년 야곱이란 사람이 옥스포드에 열었고, 4년 후 서커스 존슨이란 사람이 두 번째 커피집을 열었다. 런던에는 1652년 파스카 로제라는 사람이 처음으로 운영했는데, 현존하는 가장 유명한 커피집은 1688년 에드워드 로이드가 선원과 상인을 대상으로 연 곳으로, 영국의 로이드는 지금은 가장 유명한 해상보험 회사가 되었다.

1683년 비엔나를 침공한 오스만투르크의 2차 공세가 끝나고 철수한 자리에 커피 원두 자루가 발견되었다. 커피를 알고 있던 폴란드인 쿨치스키라는 인물이 이 원두로 비엔나 최초의 커피집을 열었다고 한다. 1685년 미국인 디오다토가 연 것이 최초라는 설도 있다. 설탕과 우유를 사용하는 비엔나 커피의 기원이다.

이태리 최초의 커피집은 보테가델 카페라는 이름으로 1683년 베니스에 열렸고, 1720년 산마르코 광장에 연 플로리안이란 커피집은 현재 세계에서 가장 비싼 커피집으로 알려져 있다. 이태리에서 커피집은 Caffe라고 하고, 다른 유럽에서는 Café라고 표기한다.

1691년 런던 커피집이란 이름의 커피집이 미국 보스톤에 처음으로 문을 열었고, 1696년에는 뉴욕에 킹즈 암즈 커피집이란 곳이 문을 열었다.

2차 대전 중 이태리에 주둔하던 미군들이 유럽식의 쓴 커피에 뜨거운 물을 더하여 멀겋게 마셨는데 이것이 카페 아메리카노의 시작이다. 2차 세계대전이 끝나고 살아 돌아온 미군들의 기호품이던 커피가 형태를 달리하여 식품점에 나오기 시작했다. 깡통에 담긴 인스턴트 커피의 시작이었다. 이것이 후일 말하는 인스턴트 커피의 물결, 즉, 제 1의 물결이다.

새로운 물결

2003년 커피 전문가인 트리시 로스겝이란 여성(샌프란시스코 렉클링볼 커피 로스터의 공동 소유자)이 의미있는 글을 하나 썼다. 그녀는 시대를 제1 물결, 제2 물결, 제3의 물결로 분류하였다. 그런데 지금도 제1의 물결, 제2의 물결과 함께 제3의 물결의 시대가 동시에 진행되고 있기도 하다.

1940년대 후반 이태리의 아킬레스 가지아라는 사람이 오래된 에스프레소 기계를 개선하였다. 강한 압력을 이용하여 획기적인 에스프레소 기계를 고안한 것이다. 1950년대 초가 되자 뉴욕과 샌프란시스코에 이 기계가 등장하기 시작했지만 본격적으로 이태리식 커피집이 유행할 때까지는 몇 십 년이 더 걸렸다.

1970년대 초, 작고 독립적이고 좋은 품질의 로스터가 나타나기 시작했다. 깡통 속에 들어있는 커피 대신 소비자들은 더 좋은 커피를 찾기 시작했다. 보다 나은 음식을 찾는 여피Yuppies들의 움직임과 함께 자연스럽게 발생한 문화로 해석된다.

1974년 커피 수입업자인 에르나 넛센이 이러한 시대의 요구에 부응하여 처음으로 스페셜티 커피Specialty coffee라는 차별화된 이름을 사용하기 시작했다.

이 용어는 8년 후인 1982년 미국의 스페셜티 커피협회에 의해 정식으로 채택되어 협회의 이름에도 쓰여졌다. 협회는 100점 평가에서 80점 이상을 획득한 커피만을 스페셜티 커피라고 부르기로 정하였다.

1980년대와 90년대를 거치면서 대중들은 품질 좋은 커피에 관심이 생겼다. 식품점, 야채가게, 비행기 기내식, 주유소, 심지어 맥도널드에서도 판매되었다. 미국 스페셜티 커피 협회에 의하면 오늘날 미국 커피 소비의 약 37퍼센트가 스페셜티 커피급이라고 한다. 정말 그렇게 많을까?

이 시대를 선도한 가장 중요한 로스터를 꼽는다면 피츠 커피 앤 티Peet's Coffee & tea를 꼽을 수 있을 것이다.

네덜란드의 이민자인 알프레드 피트는 본국에서 좋은 커피콩을 확보할 수 있는 공급원을 가지고 커피를 볶던 사람을 아버지로 둔 사람이었다. 피트는 1966년 캘리포니아 버클리의 자신의 가게에서 신선한 콩을 직접 볶았고, 많은 그의 제자들을 매료시킨 강한 볶기를 선보였던 것이다.

이때의 제자들 중에서 세 명의 주목할 만한 친구가 시애틀에서 커피집을 열기를 원했고 1971년 이들이 피트의 가게를 모델로 하여 시애틀의 웨스턴가에 연 커피집이 바로 스타벅스Starbucks이다.

이밖에도 70년대 미스터 커피라고 하는 자동식 드립필터 기계는 그동안 시덥지 않은 품질의 커피를 마시던 소비자들의 원두커피 소비를 크게 늘렸다.

80년대 초까지 스타벅스는 몇 개의 가게를 가지고, 그저 원두판매에 역점을 둔 하나의 평범한 로스터에 지나지 않았다.

그러다가 판매담당 임원이었던 하워드 슐츠가 이태리 여행을 하면서 에스프레소를 기반으로 한 커피의 새로운 컨셉을 가지고 시애틀로 돌아왔다. 그후 에스프레소 기반의 커피, 즉 큰 커피잔에 향미를 가진 시럽을 첨가하는 커피류, 프라푸치노 같은 히트 메뉴를 팔기 시작하면서 스타벅스는 일약 새로운 커피의 강자로 떠올랐다.

앞서 말한대로 이들의 짧은 시간의 성공은 그들의 노력만으로 이루어진 것이 아니었다. 당시 일어난 자연식 및 유기농의 고급식품을 지향하는 여피들의 영향이 아주 컸다. 그들은 80년대의 홀후즈, 딘엔 들루카와 함께 성장했다. 여피들이 값싼 원더빵보다는 포카치아 같은 보다 맛있는 이태리빵을 찾기 시작한 것이다.

제3의 물결

80년대와 90년대는 가난한 커피 생산국과 농민들에게 엄청난 비극이 일어난 시대였다.

라틴 아메리카에는 국채 문제와 내전이 일어났다. 에티오피아는 기근이 들었고, 르완다에는 집단 학살이 일어났다. 인도네시아는 아시아 재정 위기로 고통을 받았다.

이러한 영향으로 80년대 말에 커피값이 폭락했고 90년대 중반에는 바닥까지 떨어졌다. 수많은 소규모 농장이 파산하고 가난한 농민들이 희생되었다.

공정무역Fair Trade의 개념은 1960년대에도 이미 있었다. 80, 90년대에 발생한 제3세계의 비극에 주목한 젊은 사람들은 드디어 공정무역에 대한 자각을 하기 시작했다. 농부들의 삶에 관심을 가졌다. 환경운동도 일어났다. 커피 공급자와 구매자 간 상생운동이 일어나 Direct Trade, Good Inside Certificate, Eco-OK Certificate, Organic, Sustainable System, Shade-Grown, Bird-Friendly, Rainforest Alliance 같은 이름의 움직임이 활발했다. 이러한 압박이 지속되자 결국, 공룡 스타벅스도 2000년부터는 공정무역에 참여하기 시작했다.

이어서 90년대와 2000년대 초 젊은 도전자들이 커피의 완벽성에 깊이 파고들기 시작했다. 세계 최고의 커피콩을 찾아내고, 최고의 개성을 찾는 기술에 파고들어, 흠잡을 수 없는 커피를 만들어내는 데 도전했다.

이것이 소위 제3의 물결이다. 정작 이 일에 종사하는 사람들은 자신들을 제3의 물결이라고 부르지 않는다. 그들이 만드는 커피를 그들 스스로는 크래프트 커피라고 하거나 그냥 스페셜티 커피라고 부르는 정도이다. "어이, 제3의 물결 친구들!" 이라고 그 사람들에게 말을 건다면 아마도 그들은 자다가 웬 봉창 두드리는 소린가 하며 눈을 흘길 것이다.

제2의 물결이 로스터와 바리스타를 커피의 주역으로 소개했다면 제3의 물결은 가난한 커피 농부를 주역으로 소개하고 있다. 그들은 그 농장의 특정한 작은 밭고랑을 지칭하는 마이크로 랏Micro-Lot이라는 개념을 선배인 와인산업에서 배우고 도입했다. 제2의 물결 세대가 인도네시아의 술라웨시라는 섬을 표기하는데 그쳤다면 제3의 물결의 세대는 술라웨시 섬의 '가' 라는 농장 이름을 표기한다. 뿐만 아니라 농장 주인의 이름, 삶의 역사, 그가 기르는 개의 이름을 적어 넣기도 한다. 마이크로-랏의 경우는 재배자의 재배 이력, 볶은 사람, 농장의 어떤 밭고랑에서 어떻게 길러 최고의 개성을 뽑아내려 했는지 적는다.

제3의 물결이 주도한 가벼운 볶기

제3의 물결의 커다란 특징의 하나는 '가볍고 약하게 볶는' 것이다. 이들은 좋은 쇠고기를 샀을 경우와 생두를 비유한다. 좋은 쇠고기는 절대로 웰던well-done으로 굽지 않는다는 것이다. 쇠고기는 레어rare나 미디엄 레어medium rare로 구워야 고기의 제대로 된 풍미와 육즙을 즐길 수 있다. 그들은 커피도 마찬가지라고 생각한다. 커피콩도 오래 볶으면 그 커피가 가진 본래의 맛을 즐기기 힘들고, 오로지 볶은 맛의 향미가 진해질 뿐이라고 비판한다.

'스칸디나비안 스타일의 볶기' 라는 말은 강하게 볶았다는 것을 은근히 비판하는 제3의 물결식의 표현이기도 하다. 제3의 물결을 이끈 사람들은 정말로 가벼운 볶기를 좋아한다. 제2의 물결의 사람들이 '신선한' 볶기와 갈아내기의 장점을 강조했지만 제3의 물결의 사람들은 그런 볶기를 옛날 이야기 정도로 생각한다. 제3의 물결의 사람들은 신선한 것을 넘어서, 볶은 날짜는 물론, 심하면 '볶은 시간'까지도 자세히 적어두고 싶어한다. 그리고 언제까지 사용해야 한다는 것을 명기해두는가 하면, 정해진 시간 안에 소비할 수 없다고 판단되는 거래처에는 처음부터 볶은 커피를 아예 팔지 않는다. 커피를 마치 딸기 관리하듯이 선도 관리를 하고자 한다.

이렇게 준비된 커피를 커피 메이커 같은 기구 등에서 우려내는 것도 싫어한다. 좋은 원두를 나쁜 기계로 추출하면 맛이 나빠진다고 믿는다. 만일 이렇게 선별된 콩으로 에스프레소를 추출하고자 한다면 최고의 에스프레소 기계에 걸어 최고의 기술을 발휘해주기를 기대한다.

예를 들자면 자동식 커피 메이커 기계가 아니고 프렌치 프레스 같은 꼼꼼한 수동식에 최고의 기술로 추출해주기를 바란다.

2000년대 후반부터 제3의 물결의 사람들이 수동식 커피 우려 내리기 문화를 주도하기 시작했다. 원래 인스턴트 커피문화가 오기 전, 푸어 오버(필터 드립)나 사이폰 방식은 오랫동안 미국 부엌의 할머니들에게 사랑받던 커피 내리기 방법이었다. "엥? 케멕스와 멜리타 추출기는 할머니가 쓰던 것인데 생각보다 멋진데?" 하는 생각이 어느날 문득 든 것이다.

오랫동안 수동식 커피 추출을 해온 일본에서 몇 가지의 수동식 커피 추출기가 미국 서부 해안가로 들어왔다. 때마침 미국인들은 특이한 일본식 수입품들을 좋아하기 시작할 때였다. 물론 이 도구들은 커피의 특성을 잘 살려주는 뛰어난 기술 방식을 가지고 있었다. 수동 추출 방식이 로스터와 커피집의 커피 향미의 절정을 표현하게 해주고, 바리스타들이 최고의 작품을 만들게 해주는 장치로 인정되었다.

에스프레소 커피는 전통적인 최고의 커피 중의 하나이지만, 기계로 커피를 만드는 사이에 소비자들은 뻘쭘하게 기다리며 별다른 일을 할 수가 없었다. 하지만 수동식 푸어 오버나 사이폰 방식으로는 기술을 자랑하며 커피를 내리는 동안 고객과 바리스타는 자연스럽게 대화를 나눌 수 있었다. 그에따라 수동식 추출기는 차츰 제3의 물결에서 빠뜨릴 수 없는 대화와 소통 장치의 하나가 되었다. 최고의 커피를 내리면서 대화가 가능해졌다. 그리하여 어떤 커피집은 한꺼번에 많이 추출하는 추출 방식이나 대화가 끊기는 에스프레소 방식의 추출기를 일부러 들여놓지 않았다.

2011년 미국 에스프레소의 바리스타 챔피온쉽 대회에 에스프레소와 함께 수동식 추출 대회인 부루어스 컵 대회가 신설되었다. 작은 지역의 개성을 찾아내고, 계절에 맞는, 지속 가능한 식재료를 추구하는 문화현상과 맞아떨어진 흐름의 하나에 스페셜티 커피도 합류한 것이다. 농장과 식탁의 연결, 농부들의 직거래 장터, 수제 맥주, 자연산 식재료를 선호하는 문화와 결합하게 된 것이다.

제3의 물결을 이끈 3인방

우리는 1995년 노스캐롤라이나의 카운터 컬처의 피터 줄리아노, 1995년 시카고의 인텔리젠시아 커피의 제프 와츠, 스텀프 타운, 1999년 오레곤 포틀랜드의 두안 소렌슨을 기억해야 한다. 커피 컨설턴트인 앤 오터웨이는 자신의 책에서 카운터 컬처 커피의 주주인 피터 줄리아노, 인텔리젠시아 커피의 제프 와츠, 스텀프 타운 커피의 두안 소렌슨을 커피 제3의 물결을 주도한 3인방으로 주목하며 스페셜티 커피계의 빌 게이츠, 폴 알렌, 스티브 잡스라고 묘사했다.

스텀프 타운의 고향인 포틀랜드에서는 서스테이너블 하베스트, 커피잡지인 『바리스타』, 『로스트』, 『프레쉬컵』, 『임바이브』, 『벨리시모 커피』 등이 발간되고 있다.

포틀랜드의 나바르라는 식당에 가면, 에티오피아의 이르가체프 커피와 함께 프아그라와 햄 테린이 나오고, 사탕무와 함께 니카라과의 로스 델리오스 커피가 나온다. 초콜릿 무스로 훈제한 히코리Hickory와 함께 에티오피아 시다모 커피가 나온다. 에스메랄다 스페셜 리저브와 거위 파이가 함께 나온다.

스텀프 타운의 듀안은 말한다. 그는 새로운 기계가 도입되면 다양한 맛을 만들기 위해서 갈기, 우려내기, 투여량, 시간 등의 과정을 50-100번씩 반복하여 실험을 했다고 한다.

피터 줄리아노는 에스프레스 기계의 온도를 조절하는 완벽한 프로토콜을 알아내는 데 5년이 걸렸다고 말한 적이 있다.

뿐만 아니고 이들이 바로 커피농장과 직거래를 트고, 좋은 지역의 좋은 커피를 찾아 지구를 헤매고 돌아다니며 최고 가격으로 원두를 구매하기 시작한 원조이다.

좋은 커피콩뿐 아니라 스텀프 타운과 인텔리젠시아는 커피 가게의 장식에서부터 추출 방법에 이르기까지 새로운 높은 기준을 세우고 영향을 끼친 존재들이다. 이 선구자들도 이제는 제3의 물결의 공룡이 되어가고 있다. 그러나 보다 젊고, 보다 작고, 보다 도전적인 로스터, 카페가 끊임없이 나온다. 남들이 의심의 눈초리로 바라볼 때에도 새로운 문화, 새로운 세계를 끊임없이 만들어가고 있다.

커피문화 변화의 키워드

제3의 물결	제2의 물결	제1의 물결
아주 가벼운 볶기	아주 강한 볶기	중간에서 강한 볶기
직접 무역	공정무역	일반 상품무역
무우유/무설탕	향미 시럽과 우유거품 크리머	非우유 크리머
차게 내린 원두커피	차가운 커피음료	얼음에 탄 인스턴트 커피
단일 지역 커피콩	합성 향미 커피콩	질 낮은 커피콩
수동식 필터 추출	에스프레소	커피 메이커
스텀프 타운	스타벅스	폴저스

스페셜티 커피

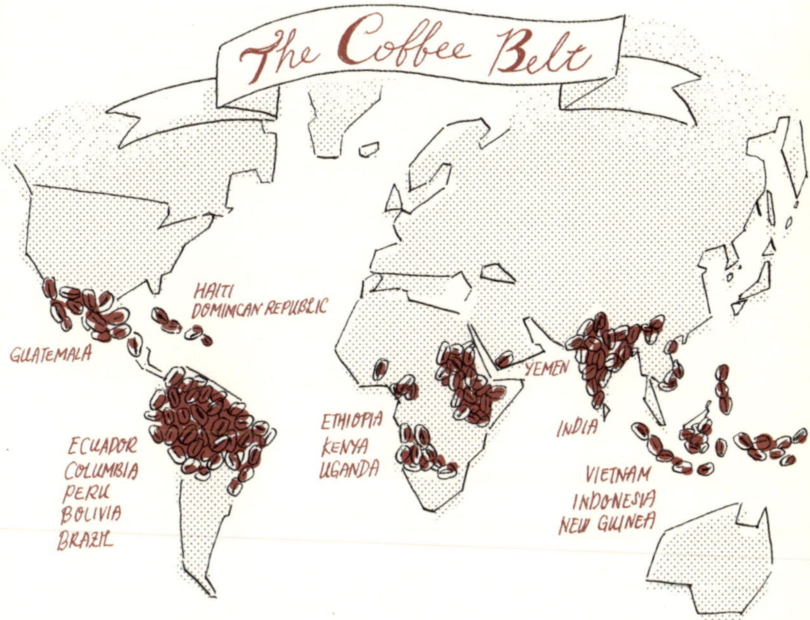
The Coffee Belt
HAITI
DOMINCAN REPUBLIC
GUATEMALA
ECUADOR
COLUMBIA
PERU
BOLIVIA
BRAZIL
ETHIOPIA
KENYA
UGANDA
YEMEN
INDIA
VIETNAM
INDONESIA
NEW GUINEA

놀랍게도 19세기 미국의 주부들도 처음에는 신선하게 볶은 커피를 구입했었다.

그런데 20세기 중반에 들어와 산업화로 인한 대량생산의 물결이 커피에 미치자 깡통에 커피가루가 담겨 대량으로 팔리기 시작했다. 2차 대전 후 가장 값싼 음료의 하나로 인스턴트 커피가 나오자 소비자들은 질 낮은 커피의 편함에 익숙해졌다. 이것이 제1의 물결이다.

많은 제3의 물결 커피인들은 자신들이 스페셜티 커피문화를 만들었다고 믿고 싶어하지만, 1960년대 초반에도 조금씩 고급 커피문화는 시작되고 있었다.

제2의 물결은 1960년대 후반에서 1990년대 중반까지라고 보는데 이 중심에는 캘리포니아에 정착한 북유럽 이민자들이 있었다. 1966년 샌프란시스코에 커피집을 연 피츠 커피의 알프레드 피트가 있었고 북캘리포니아의 넛센 커피의 설립자 에르나 넛센도 있었다. 특정한 원산지에서 나온 원두를 설명하기 위해 넛센은 스페셜티 커피라는 표현을 처음으로 만들어냈는데 이는 마치 와인의 특정지역을 칭하는 아펠라시옹appellation이라는 단어를 떠올리게 한다.

뉴욕의 질리스 커피의 돈 숀홀드, 롱 비치의 링글 브라더스 커피의 테드 링글, 보스톤 커피연합의 조지 호웰, 그리고 스타벅스의 케빈 녹스도 제2의 물결의 지도자들이다.

이들이 창시한 제2의 물결, 고급 커피의 리더들은 자연스럽게 1982년 스페셜티 커피협회Specialty Coffee Association of America, SCAA를 출범시켰다. 스타벅스의 체인은 1987년까지 느리게 성장했는데 이 해에 하워드 슐츠가 지분을 전부 매입했다. 20여 년 후 스타벅스는 전세계에 23,000개의 가게를 개설하고 15년 연속 매년 5퍼센트씩 성장했다.

제3의 물결은 스타벅스가 지나치게 커피를 상업화한 것에 대한 반작용으로 1990년대 중반에 출현했다고 알려져 있다. 이들은 커피의 자동화를 유감스럽게 생각했다. 젊은 새로운 물결의 지도자들은 스타벅스 가게 부근에 자신들의 가게를 열고, 더 좋은 커피를 팔기 위하여 눈앞에서 경쟁하기 시작했다. 그들은 배낭을 짊어지고, 샌들을 신고, 텐트에서 잠을 자면서 원산지의 농부들을 찾아가서 대화를 나누었다. 당시 커피 농부들은 심각한 재정위기에 처해 있었다. 커피 가격은 1970년대 이래 매년 실질적으로 3퍼센트씩 하락했다. 전세계의 커피 농가는 대부분 자그마한 농지만을 소유한 가난한 농부들로 자녀들을 학교에 보내는 것도 힘들어 했다. 1990년 후반에서 2000년대 초반 브라질과 베트남의 저품질 커피가 국제 커피 시장에 과잉공급되자, 또 한 번 충격적인 가격 파괴가 일어났다. 질 좋은 커피도 파운드당 50센트까지 폭락을 했고, 수백만의 가난한 농부들이 커피농사를 포기했다. 심지어 가장 좋은 품질의 커피를 생산하는 케냐의 농부들도 커피나무를 뽑아 버리고 그 대신 차나무를 심었다. 이러한 환경 아래서 제3의 물결의 주도자들은 좋은 품질의 커피를 높은 가격을 주고 구매해 지속 가능한Sustainable 커피산업이 되도록 했으며 현지의 농부들과 직접 소통하기 시작했다. 이러한 노력으로 그후 20년간 북아메리카, 유럽, 아시아의 몇 곳에서는 스페셜티 커피 시장이 극적으로 성장하게 되었다.

Cup of Excellence(CoE)라는 행사가 1999년 12월 브라질에서 처음 열렸다. 단일 농장의 것을 골라 우수 품종을 선발하여 경매로 판매하는 방식이었다. 현재 중남미 각국을 중심으로 이러한 종류의 커피콩 콘테스트는 지속되고 있다.

그러나 본격적인 스페셜티 커피의 시작을 1990년대 중반으로 보면 2015년 현재 약 20년 정도밖에 되지 않는다. 가장 좋은 커피를 스페셜티 커피라고 부르고, 그 다음은 프리미엄 커피, 그리고 커머더티 커피, 마지막으로 로우 그레이드 커피라고 구분한다. 뉴 크롭은 새로 수확된 그 해의 콩을 말하고, 커런트 크롭은 다음 번 콩이 생산되기 바로 전의 단경기端境期 콩을 말하고, 패스트 크롭은 전 해의 콩이다. 올드 크롭은 2년 이상 지난 콩을 말한다. 대부분의 커피콩은 1년 이상 선도를 유지하기가 어렵다. 스페셜티 커피의 중심에는 무엇보다 뛰어난 원두가 있다.

커피콩의 품종별 특성

어느 커피 전문가는 커피 맛의 90퍼센트는 원두에서 결정된다고 보고, 또 다른 전문가는 커피 맛은 원두 70퍼센트, 볶기 20퍼센트, 우려내기 10퍼센트의 비율로 결정된다고 말한다. 좋은 커피는 원두의 질에 거의 좌우된다는 얘기다.

볶고, 추출하는 기술이 아무리 좋아도 원두의 질이 좋아야 한다. 식재료가 좋아야 음식 맛이 좋다는 원리는 모든 음식에 해당되는 황금률이다.

그래서 맛있는 커피를 마시고 싶은 사람은 가장 먼저 원두에 관심을 가져야 한다. 국가별, 산지별, 농장별 원두의 특성을 알아야 한다. 제3의 물결의 지도자들은 그래서 커피벨트 근처의 오지 커피 밭고랑 탐험을 마다하지 않고 몸을 던져 좋은 원두를 찾아 헤맸다.

커피의 종Coffea

커피의 종은 이론상 총 4가지가 있다. 리베리카와 엑셀사 그리고 아라비카와 카네포라다. 그러나 실제로 유통되는 커피 종자는 로부스타(카네포라)와 아라비카다. 그중 스페셜티 커피는 아라비카종에서 나온다.

❶ 에티오피아종

약 3500종이 있으나 이중에서 중요한 것은 이르가체프 지역의 것으로 과일과 꽃 향미의 개성이 있어 최고급종으로 분류된다. 시다모, 하랄, 시마, 리무, 테피, 카파 등 지역에 따라 향미가 각각 다르다.

❷ 예멘종

원산지 에티오피아에서 온 것이나 오래 전부터 예멘에서 자랐기에 예멘종으로 분류한다. 과일과 향신료, 허브 등 다양한 향미를 가졌다. 소량 생산된다.

❸ 티피카Typica종

원산지는 에티오피아이고 열매는 긴 롱베리의 형태이다. 재래종의 어머니 격이고, 높은 고도에 잘 적응한다. 향미(Flavor=aroma + fragrance + taste)가 풍성하다. 부드러운 신맛, 깔끔하고 섬세하며 바디감은 중간이다. 생산성이 낮으며 클린 컵의 원점이라고 할 수 있는 뛰어난 콩이다.

파생된 종자로는 자바, 수마트라, 블루마운틴, 코나, 마라고지페, 켄트종 등이 있다. 현재 세계적으로 희소종이 되었다. 수확량이 적다. 자메이카, 하와이 코나, 파푸아뉴기니, 동티모르 등에서 재배되고, 그 외에도 콜롬비아, 쿠바, 도미니카에서도 소량 생산된다. 50년 장수하는 나무도 있다.

술라웨시(인도네시아)의 습식가공의 티피카는 이 지역 땅의 풍미를 띤다.

콜롬비아 총 생산량의 10퍼센트 정도이고 산타마르타의 콩은 향이 강하다. 토레도는 토양이 좋아 깔끔하고 산뜻한 산과 바디감이 있다. 시티 로스팅까지.

•자메이카 달콤한 향. 촉감은 부드럽고, 산미는 약하다. 섬유질이 부드러워 로스팅은 미디엄까지만.

•하와이 코나 바디감이 있다. 감귤계의 산미가 있고, 커피액이 맑고 투명하다. 산지에서는 프렌치 로스팅이 늘고 있으나 미디엄 로스팅의 평판이 더 좋다.

•파푸아뉴기니 최근 부드러운 버번종의 향미에 가까워졌다. 시티 로스팅까지라면 화사하고 밝은 산과 바디의 균형을 즐길 수 있다.

•동티모르 비료를 적게 써 바디감이 약하다. 하이 로스팅 까지가 한계로 산뜻한 맛을 즐길 수 있다.

•에콰도르 티피카 나무는 40년 넘게 산다.

❹ 버번Bourbon종

에티오피아에서 버번 섬(아프리카 동쪽 바다의 섬 현재의 Reunion)으로 들어와 돌연변이한 변종.

•향미 부드럽고 단맛이 나며, 신맛과 바디감이 균형 잡혀 있다. 보르도 와인의 풍미같이 균형 잡힌 자두, 사과, 토피사탕 맛으로 생두는 붉고 노란빛을 띤다.

나중에 동아프리카와 브라질로 전파되었는데 티피카보다

튼튼하고 수확량이 많다. 버번에서 파생된 종자는 SL 28 & 34, 아카이아, 파카스, 모카, 카투라 등이다. 현재 과테말라, 엘살바도르, 브라질, 탄자니아, 르완다에서 재배되고 있다.

• **과테말라** 가장 뛰어난 것은 안티구아산이며, 밝고 선명한 산미와 바디감이 좋다. 균형감도 좋다. 프렌치 로스팅 가능.

• **엘살바도르** 산미는 약한 경향이 있으며, 초콜릿과 같은 바디감이 있는 것도 있다. 시티 로스팅 정도가 좋다.

고지대에서 자란 습식가공의 콩은 알맹이가 단단하여 디카페네이션(무카페인화) 가공을 견디는 힘이 좋아 이 용도로 쓸 때 최고로 친다.

• **케냐** 스페셜티 커피의 대표주자로 화사하고 풍성한 과일의 산미가 특징이며 바디감도 좋다. 프렌치 로스팅도 가능하다. 그중에서 르완다의 습식가공 버번은 올드 버번종의 특징을 지켜낸 것으로 고급커피 시장의 희귀 품종으로 인기가 높다.

• **르완다** 안티구아에 인접한 곳의 것이 좋다. 바디와 신맛이 균형을 이루고 뒷맛에서 단맛을 느낄 수 있다. 시티 로스팅 정도가 좋다. 브룬디의 습식가공 버번 콩은 달콤하고 새콤하며 특히 가볍게 볶으면 매우 향기롭다.

• **브라질** 적당한 바디감과 부드러움이 있다. 표고가 낮은 곳의 커피는 산도가 약하다. 강한 로스팅이 가능하다.

❺ 켄트Kent종

인도에서 생긴 티피카종의 돌연변이.

• **향미** 맑고 깔끔하여 높은 평가를 받으며 버번종보다 묵직하다. 현재 탄자니아에서 많이 재배되고 있으며 잎곰팡이 병에 강하다. 버번, 켄트, 블루마운틴의 탄자니아 혼합종은 복합적인 향미를 가졌다.

❻ 카투라Caturra종

1937년 브라질에서 발견된 종으로 키가 작아 재배가 쉽다. 버번의 변종으로 생산성이 좋다.

• **향미** 달콤한 캐러멜, 헤이즐넛, 밀크 초콜릿향이 느껴진다.

버번종의 돌연변이로 환경 적응력이 좋고 중미에서 많이 재배된다. 생두의 크기는 좀 작으나(스크린 16) 티피카의 3배 정도 수확한다. 향미는 버번에 비해 화사하지 않고 깊은 맛은 없으나 무게는 있다. 간혹 토양과 기후가 좋으면 좋은 레몬향이 포함되어 향미가 좋아진다.

• **코스타리카** 대부분 이 종자를 재배하고 있으며 좋은 땅에서 자란 콩은 화사하다. 시티 로스트가 적당하다.

• **콜롬비아** 가볍게 볶는 것에서 중간 정도 볶기를 해야 감귤맛이 최고로 살아난다.

• **볼리비아** 가끔 강하게 볶아도 견디지만, 가벼운 볶기를 해

야 단맛을 잘 끌어낼 수 있다.

❼ 카투아이Catuai종

문도노보와 카투라의 교배종. 키가 작다. 줄기가 굵고 800미터 저지대에서도 잘 자라고 생산력이 좋다. 향미는 부드러우나 복잡하다.

르완다의 습식가공 카투아이는 그 토양에서 영향을 받아 꽃향기와 씨가 큰 과일의 향미를 지녔다. 코스타리카의 습식가공 카투아이는 밝고 깔끔하다. 브라질의 반건식가공의 카투아이는 건식가공의 단맛과 습식가공의 깨끗한 맛이 결합됐다고 평가한다. 하와이의 습식가공 카투아이는 버섯의 향미와 좋은 가죽향을 느낄 수도 있다.

❽ 문도노보Mundo Novo종

수마트라의 티피카종과 브라질 버번종의 교배종으로 브라질에서 많이 재배한다. 키가 크며 생산성이 좋다. 1943년 상파울로에서 처음 발견된 것으로 버번종과 수마트라의 티피카종의 자연교배로 태어났다. 브라질에서 가장 많이 재배되며 병충해에 강하다. 과테말라의 주력종이기도 하다.

❾ 파카마라Pacamara종

버번의 변종인 파카스와 티피카의 변종인 마라고지페의 교배종으로 1958년에 엘살바도르에서 개발되었다. 열매가 크고 가격도 비싸다. 바디는 약한 편이나, 향미가 좋다. 엘살바도르의 파카마라종은 티피카종과 같이 깨끗한 향미로 입안의 감촉이 부드럽다. 습식가공의 파카마라에서 허브향을 느낄 수 있다. 하이 로스팅 정도의 볶음이 적당하다. 니카라과의 습식 파카마라는 간혹 허브향과 함께 강한 신맛을 느낄 수 있다. 커피콩이 크고, 초콜릿 맛과 과일의 향미가 있다.

⑩ SL 28종

1935년 케냐의 커피 연구기관인 스콧연구소(SL)에서 발견하여 번식시킨 종으로 가뭄에 강하고 고지대에서 재배하기 좋다. 생산성과 품질 다 좋다.

• **향미** 확실한 신맛과 바디감이 특징이다. 과일, 블랙커런트의 향미가 강하다. 케냐의 습식 AA는 가장 큰 알맹이의 등급이고, 아주 복합적 향미를 가진다. 높은 고도에 잘 적응하는 나무이다. 대부분의 케냐의 SL 28, SL 34는 습식가공을 하며, 로스팅 해도 가운데의 하얀 줄Chaff이 남아있다.

⑪ SL 34종

케냐의 스콧연구소의 작품.

• **향미** 화사한 산미와 바디감, 다양한 향이 난다. 새콤하고, 버찌와 블랙커런트의 향미 특징을 가졌다. SL 28보다는 품질이 약간 떨어지는 것으로 알려졌다.

⑫ 게이샤Geisha/Gesha

어느날 발견된 놀라운 샛별로 에티오피아에서 중남미로 건너간 커피나무 종.

• **향미** 감귤계와 꽃향기의 특징이 있으며 몸은 가볍고, 섬세하고 복합적이다. 밝고, 깔끔하고, 상큼하다. 애니스의 허브, 시럽, 검은 후추, 산딸기, 멜론, 사과, 파인애플향에 이르가체프의 향미도 있다. 에티오피아의 습식 게이샤는 꽃향기의 향미를 자랑한다. 에티오피아의 게이샤라는 마을이 원산지로 코스타리카를 경유해서 파나마, 말라위, 과테말라, 케냐의 일부 지역에서도 재배된다. 콩의 형태는 길다(롱베리). 애호가들은 오랫동안 가장 비싼 커피가 케냐의 산동네나 하와이의 화산지대에서 자란다고 생각했다. 그러나 이젠 파나마의 산골에서 나온다. 어느 날 갑자기 파나마의 에스메랄다 스페셜이란 게이샤종이 커피의 최고가 되었고 세상에서 가장 매혹적이라고 칭송되고 있다.

파나마의 보케테Boquete라는 몇 에이커 안 되는 곳에서 자란다. 경사가 가파르고, 서늘한 바람이 많이 부는 곳이다. 1월 2-3주간 시속 100킬로미터 이상의 바람이 이 나무를 내리쳐도 끄떡없으며 4-6미터까지 자란다. 햇볕을 받기 위해 더 많은 공간이 필요하다. 가파른 기슭에 가늘고 키가 큰 나무가 자라야 한다. 높은 고도에서 자란 게이샤만이 품질이 안정되고 뛰어나다. 게이샤가 좋아하는 토양은 습해야 하기 때문에 특정한 합성비료를 사용하고 닭똥도 거름으로 사용한다. 가공방법은 습식이 아닌 건식(내추럴 가공)이다. 블라인드 커핑에서도 습식보다는 건식방법이 더 높은 평가를 받는다. 그러나 뛰어난 깊이와 감흥을 주려면 적절한 습식 발효를 통해야 한다는 피터 줄리아노의 의견도 있다.

게이샤는 볶기에 민감하다. 2004년도에 당시 로스팅 커피의 2배인 파운드당 21달러에 생두가 팔렸고, 2006년도에는 파운드당 50달러에 팔렸다. 이는 다른 스페셜티 커피 가격의 약 40배에 해당되는 가격이고, 2010년도에는 파운드당 170달러에 팔렸으며, 2013년에는 파운드당 350.25달러에 팔렸다.

도대체 이렇게 비싼 콩은 누가 살까? 그러나 없어 못 팔 정도이다. 와인의 로마네 콩티와 같다.

⑬ 파카스Pacas종

버번의 변종이다. 엘살바도르에서 푸에르토리코로 수입된 파카스는 이 땅에서 성공적으로 재배되고 있다.

컵의 품질은 버번과 흡사하다.

⑭ 마라고지페Maragogype종

티피카종에서 온 것으로 콩이 커서 코끼리콩이라는 별명도 있다. 도미니카공화국의 마라고지페는 허브, 잎담배, 그리고 백향목의 향기가 자주 느껴진다고 한다. 멕시코에서도 일부 생산된다.

• **피베리Peaberry** 종자의 이름이 아니고 한 톨짜리의 생두를 지칭하는 보통명사다. 나무 끝에 열리는 열매로 보통 커피콩

은 두 개의 씨앗이 마주 보고 들어있는데, 이것은 한 개로 둥근 형태를 지닌다. 전체의 약 5퍼센트 정도 열린다.

하와이 코나의 피베리는 엑스트라 팬시 급으로 대접받고, 탄자니아의 피베리도 미국에서 귀하게 대접한다. 브라질 경연에서 피베리가 1등을 한 적도 있다.

• **롱베리Longberry** 길다란 생두의 호칭이다. 이 품종의 원산지는 에티오피아이고 수마트라의 롱베리는 과일향이 강하다.

• **로부스타(카네포라)** 깡통 커피, 인스턴트 커피, 에스프레소 블렌딩을 위해서 없어선 안 되는 품종이다. 거의 대부분의 커머셜 그레이드 커피는 이 품종으로 만든다. 현재 이 품종의 교배종Hybrid도 많이 생겼다. 카티모르+티피카=라우스나, 아라비카+로부스타=아라부스타, 버번+로부스타+문도노보=이카투 등이다. 19세기에 케냐, 탄자니아, 우간다에 걸쳐있는 빅토리아 호수 서쪽인 콩고 부근에서 발견되었다. 1860년 이후 세계적으로 유행한 잎곰팡이병에 강해 아라비카를 대신하는 품종으로 도입되었다. 인도에서 건식가공한 로부스타의 어떤 것은 좋은 품질을 자랑하기도 한다. 자바의 습식 로부스타는 품질이 좋아 보통 커피시장의 에스프레소용으로 많이 활용된다. 넛츠의 향미가 있다. 베트남은 세계 2위의 커피 생산국인데 생산량의 95퍼센트가 로브스타종이다. 로브스타는 베트남이 꽉 잡고 있다.

커피콩의 지역별 특성

아라비카종이 자라는데 좋은 환경

• **기온** 에티오피아 기후같이 연 평균 섭씨 15-25도에서 잘 적응한다. 온도가 높으면 잘 자라지만, 나무가 빨리 늙고 잎곰팡이병에 걸리기 쉽다. 반면, 온도가 낮으면 성장이 느리고, 왜소해지므로 수확량이 준다.

• **일조량** 직사광선이 오랫동안 닿지 않도록 동쪽 산기슭 완만한 곳에서 주로 재배한다. 그 이외의 장소에서는 쉐이드 트리(shadetree, 그늘나무) 밑에 커피나무를 심는다. 코스타리카나 브라질 일부 지역은 자연스럽게 오후에 구름이 끼어 저절로 해결된다.

• **우기와 건기** 열대지방은 우기와 건기가 있다. 건기가 끝나는 시기에 내리는 비, 꽃Blossom 소나기에 놀라 커피나무가 일제히 꽃을 피우는데 그후 약 7개월만에 열매를 수확한다. 보통 연 1회 수확하지만 케냐와 일부 콜롬비아 지역에는 연중 2회의 우기와 건기가 있어 2번 수확한다. 두 번 중 첫 수확기의 커피가 더 맛있다.

• **강수량** 연중 1500-2500밀리미터의 강수량이 필요하다. 강수량이 들쭉날쭉한 아프리카는 그래서 수확량이 불안정하다.

•**고도** 900-2000미터의 중미, 콜롬비아, 동아프리카 등이 적합하다. 높은 표고에서는 적당한 온도와 강우량을 확보하기가 좋다. 적도에서 멀어진 지역은 표고가 낮아도 재배가 가능하다. 중미의 커피는 표고가 높을수록 고품질로 인정된다.

•**토양** 화산 토양과 친하다. 용암과 화산재가 많은 토양에서는 질소, 인 등 좋은 양분을 함유하여 침식, 풍식을 방지하며 배수성도 좋다. 꽃 핀 지 9개월 뒤에 열매가 익고, 열매는 기름의 함유량이 16퍼센트 정도, 설탕 성분은 6-9퍼센트, 카페인 함유량은 0.8-1.4퍼센트 정도이다.

아프리카

❶ 에티오피아Ethiopia

•**역사** 커피의 원산지로 이 나라의 카파라는 지역 이름에서 커피가 유래되었다. 1200만 명이 커피산업에 종사하는데 전체의 50퍼센트 정도가 해발 1500미터에서 재배된다. 카파지역의 숲은 커피의 요람이다. 세계 5위 생산국.

에티오피아의 커피도 예멘의 모카항을 통해 수출이 되는 바람에 예멘은 물론 에티오피아의 커피까지도 모카 커피라는 이름으로 전세계에 퍼진 역사적 배경이 있다.

•**나무** 100퍼센트 아라비카종으로 고유 품종만 3500종 정도로 추정되는데 선별된 재래종을 높이 평가한다. 10-12월이

수확기.

• **향미** 달콤한 열대 과일 , 감귤, 베르가모트 허브향.

습식 : 우아하고 복합적이다. 8-12월 수확 G-1, G-2.

건식 : 야생 과일향. 10-3월 수확 G-4.

잘 익은 과실, 특히 복숭아 같은 향미가 강하다. 보르도의 레드와인 같은 향미도 있다. 여운이 깨끗하고 단맛과 함께 길게 가기 때문에 한번 마시면 잊기 힘들다. 열매 크기가 작아 크기보다는 결점있는 열매가 얼마나 적은가와 맛으로 등급을 판정한다.

• **가공법Processing** 더 비싼 값에 유통되는 습식의 가공 제품은 2005년 약 30퍼센트에 해당하고, 대표적인 곳이 이르가체프, 시다모, 리무 지역이다.

• **규격Grade** 생두의 등급에 40점, 커핑 점수 60점으로 등급을 정한다. G-1은 결점 생두가 0-3개, G-2는 4-12개 포함된 것을 말한다. G-1, G-2를 스페셜티 커피로 평가한다.

• **볶기Roasting** 중간 정도가 좋다.

• **지역과 농장** 이르가체프, 시다모, 하랄 지역의 커피가 최고로 알려져 있으며 특히 건식가공의 코랏티에 콩은 놀라운 향미를 보여준다.

이르가체프Yirgacheffe 표고 1700-2200미터. 보다 넓은 지역인 시다모에서 재배되는 커피 중, 이르가체프 이름으로 판매되는 것이 있다. 강한 꽃과 레몬의 느낌, 부드러운 산도, 얼얼한 중간톤, 맑고 깔끔하며 복숭아와 살구를 연상시키는 마른 과일향과 탄력 있는 와인과 레몬 맛이 선명하다. 균형, 달콤. 무게감은 좀 가벼운 것에서 중간까지 느껴진다.

이르가체프는 오래 전부터 독일이 구매했으며, 스타벅스를 비롯하여 다른 회사도 구매를 늘려가고 있어, 확보가 어려워지고 있다. 미국이 대량구매에 나서면서 품질이 저하되고 있다.

습식 G-2는 고지대 경질 커피콩으로 꽃의 향기가 있다. 깊은 바디감, 달콤한 맛. 볶으면 초콜릿 색의 짙은 갈색이 되고, 중앙의 중심선이 하얗게 떠올라 아름답게 보인다. 커피농장 '이디드 스테이션'이 최상의 커피를 생산하는데 '미스티 밸리 Misty Valley' 라는 이름을 붙여 유통한다. 커피열매는 과육이 붙어있는 상태에서 자연건조를 시킨 후 탈각하는데 이때 블루베리나 레드와인의 향과 바디감이 생긴다.

하랄Harrar 표고 1500-2200미터. 사막성 기후에 건식가공을 한다. 달콤한 과일 향미를 가졌다. 그런가 하면 땅의 냄새와 블루베리의 향미도 지녔다. 아라비카종의 고향인 하랄 콩은 달콤하고 풍성한 블루베리향, 과일의 신맛과 복잡 미묘하고 독특한 맛을 갖는다. 롱베리가 많은데 부드럽고, 야생적인 와인의 풍미와 약한 산도를 띤다.

시다모Sidamo 표고 1400-2200미터. 이르가체프가 속한 보다 큰 지역의 이름이다. 습식과 건식 모두 가능하다. 과일과 너츠, 허브, 감귤향과 단맛이 느껴진다. 원두의 모양은 볼품없는 것이 많으나 맛은 뛰어나서 좋은 커피는 어떤 품질의 좋은 것과도 경쟁할 수 있다. 그중 최고급의 습식 커피는 부르는 게 값이다.

❷ 케냐Kenya

• **역사** 19세기 에티오피아 커피가 남예멘을 통해 수입되면서 케냐에 소개되었다. 그러나 20세 초반까지도 경작되지 않다가 성 오스틴 선교사에 의해 버번이 소개되면서 농사가 이루어지기 시작했다. 좋은 커피를 생산하기 위한 연구개발에 노력하고, 자그마한 농장의 주인들조차도 커피에 대한 지식이 풍부하다. 커피산업에 종사하는 거의 모든 사람들이 케냐 커피를 최고 중 하나로 꼽는다. 2000년 무렵에는 세계적인 커피 전문가들이 블라인드 시음을 할 경우 상위 3위 안에 들어갈 수 있는 커피가 케냐의 커피라고 생각했다. 고급품은 수량이 적어, 경매에서의 경쟁이 치열하고 값도 비싸다. 홈로스터가 관심을 먼저 가져야 할 좋은 콩을 생산하며 다양한 볶기가 가능하다.

• **나무** SL-28/34, K7, Ruiru.

콜롬비아와 같이 연 2회 수확을 하는데 버번종과 켄트종이 주종이다. 켄트가 버번보다 알갱이가 크며 맛도 무거운 편이다. 가뭄에 강한 SL 28과 고지대 재배에 좋은 SL 34가 주력 품종으로 향미가 좋다. 대부분의 나무가 표고 1500-2000미터에서 자라고 매년 두 차례 수확하며 7번에 걸쳐 손으로 훑어낸다.

• **향미** 때때로 살짝 매운 듯한 느낌이 들며 감귤과 다른 과일의 복합적인 향과 맑은 향미를 느낄 수 있다. 집중도 있는 향, 풍성하고 균형잡힌 신맛도 느껴진다. 부르고뉴 같은 신맛과 풍부하고 적당한 바디감, 간혹 느껴지는 딸기향 등 동아프리카의 표본적인 맛이라고 할 수 있다. 최고품은 와인에서 느끼는 카시스, 베리, 스파이시한 향미와 잘익은 과일의 산미, 강한 바디와 단맛이 있어 다른 나라 커피와 구분이 잘 되어 경쟁이 심하다. SL 28은 감귤계의 산도와 와인을 연상시키는 바디가 조화를 이루고 깨끗하다.

• **규격** 가장 좋은 등급은 PB(Peaberry)이며, 그 다음이 AA^{++}, AA^{+}, AA, AB다. AA는 스크린Screen 사이즈 (메쉬) 18(7.2mm), AB가 15-16(6.2-6.8mm), C가 14-15 정도이다. 커핑 평가점수로 $^{++}$, $^{+}$가 붙는데, 표준은 FAQ라고 한다. '$^{+}$ 이상'은 구하기 쉽지 않다. 04-05 크롭 특별 등급, Kenya AA-Top(FAQ^{++}) 급의 95퍼센트를 미국이 가져간다. AA-Top도 농장에 따라 향미가 다른데, 값은 FAQ의 약 2배라고 한다.

• **가공법** 대부분 습식가공 방식이다. 수확된 체리를 근처 가공 시설로 운반하여 품질 좋은 것만 모아 과육을 제거하고, 파치먼트는 물속에서 비중 선별한다. 비중이 무거운 것일수록 좋은 것으로 취급된다. 태양건조시킨다. 이중에서도 소크피나크가 경영하는 타투, 무챠나, 게즌부이니, 에아가스, 무타로, 완고, 레라, 오크란즈, 카렌게타 농원은 안정된 향미의 커피로 높은 평가를 받는다.

• **지역과 농장** 니에리/ 킬리만자로의 표고는 1200-2300미터. 중간의 바디감, 풍부한 산미를 가졌고 와인의 풍미도 느껴진다.

330여 개의 작은 농장은 협동 세척소를 거쳐 파치먼드 상태로 커피조합으로 간다. 케냐에서는 개별 농장 커피의 개념이 없기 때문에 가격도 경매를 통해 평균가격을 정해 받는다.

품종 연구와 유통체계, 입지조건이 좋아 고급 커피생산의 중요한 국가이다. 케냐산, 아바디아 산맥 주변의 루일, 티카, 엔부, 멜니에리 지역의 것이 좋다.

약 70만 세대의 소규모 농가에서 60퍼센트, 나머지는 약 4000개의 농장에서 생산. 우기가 연 2회 돌아오기 때문에 연 2회 수확이 되는데 11월에서 다음해 초까지 생산된 것의 품질이 좋고 6-7월 수확된 것은 좀 떨어신나.

무네네Munene 농장 아프리카 농장 커피에 대한 인식을 충격적으로 바꾸게 한 농장으로 아프리카 커피 구매 판단의 기준이 되고 있다.

켄트미어Kentmere 농장 나이로비에서 30킬로미터 북쪽으로 키안프 고지에 있다. 표고 1740미터, 약간 화산회질 적색토양. KL34, KL28, K20이 주종이다. 최고품 연간 20톤 생산. 향미는 놀랄 정도로 깨끗하며 잘 익은 과일의 산미, 깊은 바디. 10년에 한 번 만날 최고의 맛(02-03 Crop).

아로 山(Mt Aro) 농장 표고 1600미터, 화려하고 완숙된 향미와 바디감.

게톰위니Gethumbwini 농장 표고 1800미터. 강우량 1200밀리미터. 250헥타르. 벨기에 다국적 회사의 소유로 최신의 탈각공장, Process 공장 등 보유. 블루마운틴Blue Mt종, K20 KL34, KL28 숙성된 과일향과 산미, 스파이스향. AA 약 800포대 생산.

❸ 탄자니아Tanzania

• **역사** 1898년 선교사들이 커피나무를 재배하기 시작했다. 총 수출의 20퍼센트가 커피이고 약 250만 명이 커피 관련 산업에 종사한다.

• **나무** 표고 1000-2500미터. 켄트, 버번, 냐사, 블루마운틴종. 전체의 약 90퍼센트가 소농가 중심의 재배가 이루어지고 있다. 아라비카 70퍼센트, 로부스타 30퍼센트, 7-2월 수확.

북동부에선 부르봉과 켄트종, 남부는 켄트종이 주종이다.

•가공 아라비카는 대부분 습식가공하여 태양건조시킨다.

•향미 버번종은 산미와 바디의 균형이 좋고, 향도 우수하다. 부드러운 감촉에 귤과 같은 산미가 특징이며 유산균 같은 산미도 있다. 케냐 커피와 비슷하거나 약한 산도를 보이고 더 강한 맛을 지닌 것으로 알려진 피베리종이 많은 편인데, 맛은 복합적이고 과일향이 있으며 깔끔하고 섬세한 특징을 가졌다.

•볶기 중간 볶기가 좋다.

•규격 고품질의 탄자니아의 차가Chagga AA는 킬리만자로 山 근처 모시라는 곳에서 생산되는데 뛰어난 향과 바디를 가졌다. '킬리만자로'나 '키보' 라는 이름으로 상품화되어 있고, 케냐와 비슷한 등급이다. 가장 높은 등급은 AA, PB가 있다. '커피의 신사' 라는 별명을 가진 등급도 있다. 90퍼센트 이상이 작은 농장이고 협동조합이 결성되어 경매를 통해 판매가 된다. 일부는 시장 자유화로 직접 구매도 가능하다.

•지역과 농장 킬리만자로와 아르샤 지역이 이름 있다. 남부 음베야 지역의 것은 부드럽고 낮은 산도, 중간 정도의 몸으로 낮은 등급의 에티오피아 산과 비슷하다. 북동부 지역 농장 콩은 산과 바디의 균형이 좋고, 깊은 맛이 특징이다.

블랙번Black Burn 농장 표고 1760-1950미터. 탄자니아 최고의 높이. 아르샤에서 170킬로 서쪽, 올디아니 산의 경사면, 온도차가 9도에서 32도까지. 바디감이 있으며 단맛과 신맛이 있다. 수령 30-40년의 버번종 중심이다. 습식에 태양건조시킨다.

몽둘Mondul 농장 표고 1650-1840미터. 버번과 켄트종, 감귤계의 산미, 99-00 크롭은 탄자니아 경진대회 금상 수상.

만야라Manyara 농장 표고 1400미터. 연간 AA급 150포대. 2002년 동아프리카 Fine Coffee협회 대회에서 입상. 레몬과 같은 강한 산미가 특징.

❹ 르완다Rwanda

1904년 최초 재배. 높은 고도에 안정된 강우량, 99퍼센트가 아라비카. 총수출의 50퍼센트를 차지하는 국가산업. 3-8월 수확. 올드버번을 습식가공한 것은 아주 부드럽고, 달콤하며 꽃향기가 뛰어나다.

❺ 예멘Yemen : 아프리카의 이웃

• **역사** 원산지 에티오피아와 깊은 연관이 있다. 예멘의 모카항까지 온 네덜란드 사람들에 의해 1696년 실론섬에 커피나무가 보내졌다. 예멘인들은 커피의 원산지가 예멘이라고 주장한다.

• **향미** 에티오피아 하랄의 동생뻘 향미라고 할 수 있다. 밝고 풍성하다. 발효된 맛도 느껴진다. 레드와인. 다크 초콜릿 같은 맛에 중간에서 무거운 듯한 개성이 있는 커피이다.

•**지역과 농장** 표고 1500미터. 고급품의 산지로는 마타리보다 하라지Harazi가 유명하다. 한국에서 마타리가 이유 없이 비싸게 유통된다. 일본에서는 '모카 마타리'라는 이름으로 유통되나 생산 이력이 불분명하다. 본래의 마타리Matari는 하라지의 동쪽 지역에서 생산되는 것인데 가격이 비싸 수입량은 많지 않다. 표고가 높아 좀 더 산도가 높은 커피를 생산한다고 한다.

다음으로 샤르키 지역, 사나니 지역 순이다.

•**가공** 전통적인 건식가공품이 좋다. 탈각하기 좋을 정도의 수분을 잔류시키는 반건조를 하는데 차갑고 건조한 산지의 특성상 곰팡이가 피지 않는다.

예멘 커피는 향미의 보존기간이 짧기에 가을과 겨울 뉴 크롭이 들어오면 빨리 소비된다.

중미와 카리브해 연안국가

❶ 파나마Panama

•**나무** 티피카와 버번종은 별로 없고, 카투라와 카투아이종이 대부분이다. 그리고 새롭게 떠오른 샛별 같은 품종, 게이샤가 있다. 1930년대 에티오피아에서 케냐를 거쳐 탄자니아, 코스타리카, 파나마로 긴 여행을 해온 것이 게이샤종이라고 한다.

•**향미** 꽃향기가 짙고, 감귤의 향미가 있다. 차와 같은 몸

Body이라고 할까. 가벼운 바디를 가졌다. 향미가 복합적이고 풍성하며, 여운이 길게 간다. 최고급의 과테말라, 코스타리카산 커피와 비슷하다.

• **가공** 가공방식은 습식가공에 태양건조 방식이다.

• **볶기** 중간 볶기가 좋다.

• **지역과 농장**

하시엔다 라 에스메랄다 농장 전설적인 피터슨가가 운영하는 농장. 게이샤가 유명하다. 표고 1000-2000미터의 보케테 지역. 1996년 하라미조 지역 농장에서 자생하던 것을 2004년 처음으로 수확, 파나마 커피 경진대회에 출품하여 우승함으로써 에스메랄다 스페셜이란 이름이 알려졌다. 그후 2007년까지 4년 연속, 2009-2010 2년 연속, 2013년 우승하여 전설이 되었다. 풍성하고 독특한 향으로 유명한 게이샤종. 북쪽에서 불어오는 바람 때문에 안개가 잘 끼는 영향으로 특징있는 향미가 생겼다.

베르리나 농장 보케테 지역의 티피카종을 많이 재배하는데 부드러운 산과 확실한 바디감이 있고 안정된 향미도 있다.

❷ 코스타리카Costa Rica

• **역사** 중미에서 생활 수준과 인건비가 가장 높은 나라로서 생두가격도 비싸게 거래된다. 물가가 비싸다.

• **나무** 표고가 높은 곳에는 왜소종인 카투라, 낮은 지역에는

카투아이를 심는다.

• **향미** 캐러멜, 바닐라, 균형 잡힌 산도, 부드럽고 깔끔한 맛이 있다. 바디감은 가벼운 것에서 단단한 것까지 있다. 복합적이라기 보다는 깊은 맛, 울림이 있는 맛, 확실한 맛을 느낄 수 있다. 표고가 높은 곳의 커피는 몸이 꽉 차 좋으나, 낮은 곳은 그렇지 않다. 이것을 에스프레스용으로 쓰면 깊은 맛을 표현하는 것이 가능할 것이다. 원래 코스타리카의 커피는 향미와 바디가 모두 좋았으나, 산미를 제외하고 바디의 균형이 점점 약해지고 있다.

• **복기** 중간 혹은 약간 더.

• **규격** 스트릭틀리 하드 빈Strictly Hard Bean(SHB)이라는 것은 결점두가 적은 것을 선별한 것.

• **가공** 커피의 과육을 제거하여 남은 폐수도 정화조에서 정화하는 나라이다. 과육은 유기비료, 탈각한 파치먼트의 잔류물은 건조기 연료로 사용한다.

• **지역과 농장** 7개의 대표적인 산지가 있는데 SHB를 생산하는 주요 지역은 타라주, 도타, 산라파엘, 센트럴밸리, 리오스, 산토도밍고, 옥시덴탈밸리, 웨스트밸리 등이다.

태평양 연안에서 생산되는 커피는 대체로 품질이 좋다.

타라주 지역 1200-1900미터. 산과 비디감, 깨끗한 풍미와 뛰어난 향기.

센트럴밸리 1000-1600미터, 포아스, 세이트버밍고, 발바 등이 유명하다. 태평양 연안 경사지의 트레스 리오스 커피는 부드럽고 산과 바디의 균형이 좋다.

웨스트밸리 균형감이 좋다. 향미가 섬세하지도 복합적이지도 않은 점이 흠이지만, 안정감이 있다.

새로운 지역인 옥시덴탈 지역도 좋은 품질이 나오지만, 북쪽 계곡과 센트럴밸리는 개성이 약하다.

라피라 농장 타라주 지역에서 약 10헥타르를 차지하는 중규모 농장이다. 품질관리가 까다로운 뛰어난 농원이다. 농장은 수도 산호세에서 약 3-4시간 떨어진 거리에 있다. 인건비도 비싸고, 커피가격도 과테말라를 제외하고 가장 비싸다.

라라구나La laguna 농장 1250-1300미터. 트레스 리오스 지역. 습식가공에 태양건조와 기계식 건조기를 병용한다. 뛰어난 산도와 균형감을 가진 커피를 생산한다. 오래 전부터 스타벅스가 독점 구매를 해온 지역의 농장이다. 2004년 신터 카페 경진대회에서 2위를 했다.

산타 아니타 농장 웨스트밸리의 농장으로 균형이 좋다.

아퀴아레스Aquiares 농장 900-1200미터. 트리알바 아퀴아레스 지역의 대형농장으로 향미가 안정되어 있고, 단맛이 돈다.

도타Dota 농협 생산량 8만 포대의 대형 농협으로 설비도 현대화되어 있다. 습식가공에 기계 건조. 단단한 몸이 있어 일본

시장에서도 이름 있다. 강하게 볶아도 맛이 흔들리지 않는데, 미디엄 로스팅을 하면 주름살이 펴지지 않는 단점이 있다.

팔마레스 농협 1000-1200미터의 아름다운 산으로 둘러싸인 1450개의 농장들. 그늘나무가 구비된 영양 풍부한 농장의 토양으로 품질은 좋은 편이나 개성은 없다. 기분 좋은 산도, 묵직한 농도와 톡 쏘는 향기가 있다. 오직 아라비카종만 생산하고 로부스타 재배는 불법으로 간주된다.

라미니타 농장 최고 수준의 콩을 매년 130톤이나 생산한다. 이외에도 이름있는 농장은 후안비나스, 윈드밀, 몬테벨로, 산타로사 등이 있다. 가공방법은 습식에서 건식, 반건식 등 다양하다.

❸ 과테말라Guatemala

• **역사** 커피의 역사는 1750년부터다. 19세기 독일 이민자들에 의해 개발되었고 가장 품질 좋은 커피를 생산하는 나라의 하나. 2000년부터 2004년까지 초창기 스페셜티 커피시장을 이끌었다.

안티구아, 우에우에테낭고, 아티틀란, 프라이하네스, 코반, 산마르코스, 뉴오리엔테, 아카테낭고 등 8개 산지가 있다. 대서양, 태평양, 멕시코 고원과 평원의 다양한 환경을 가지고 있다.

콜롬비아가 품질이 저하되면서 과테말라의 품질이 매우 중요해졌다. 콜롬비아와 반대로 최고품인 SHB의 생산량이 증가하고 가격 상승의 선도 역할을 하고 있다.

•**나무** 버번, 카투라, 카투아이, 티피카 중심. 98퍼센트가 아라비카이다. 카투라의 향기는 약하여 구별되나, 티피카는 섬세하고 산도의 투명감이 있는데 반해, 버번은 안정된 몸을 가지고 있다. 9월부터 수확이 시작되어 고지대는 더 늦어지고, 저지대는 수확이 빠르나 향미의 특징이 희미하다.

•**향미** 가벼운 것에서 무거운 것까지 야생의 복합적이고 부드러운 향미를 가졌다. 코코아와 토피의 맛이 느껴지는 단맛에서 풍성한 초콜릿 향미까지 느껴진다. 너츠와 감귤, 허브의 향미도 있다. 과테말라는 산지에 따른 향미의 개성이 뚜렷하고, 농장별 맛도 다양하다. 와인으로 말하자면, 브르고뉴와 흡사한 테루어를 지녔다고 한다. 안티구아는 달콤하고, 너츠, 스파이시, 초콜릿의 향미에 확실한 바디감도 갖추고 있다. 우에우에테낭고의 부드러운 향미와 미디엄 바디가 중심이나, 엘인페르노 농장과 같이 뛰어난 향미의 개별농장도 있다. 안티구아 지역의 향미를 기준으로 다른 7곳의 향미의 기준을 세워나가는 것이 하나의 나침반이 될 수 있다.

•**규격**

스트릭틀리 하드 빈Strictly Hard Bean 1400미터 이상.

하드 빈Hard Bean 1225-1400미터.

세미 하드 빈Semi-hard Bean 1100-1225미터.

엑스트라 프라임 워시드Extra Prime washed 900-1100미터.

• **가공** 소수의 건식가공이 있으나 대부분 습식이다.

• **볶기** 중간에서 강한 볶음.

• **지역과 농장**

안티구아 1500-1700미터.

우에우에테낭고 1500-2000미터. 버번, 카투아이, 카투라.

최고는 안티구아이고, 우에우에테낭고는 높은 과일향으로 이름이 있다. 코반, 프레이하네스, 퀘에체 지역도 이름 높다. 아티틀란, 산마르코스, 뉴오리엔테 지역 등 개성있는 커피 생산지가 늘어나고 있다. 니카라과의 최고의 커피가 세고비아, 히노테가, 마타갈파 지역에서 나온다.

APCA(안티구아 생산자 조합) 가짜 예방을 위해 2000년 30개 농장과 250개 소농가로 구성된 원산지 명칭을 만들었다. 포장 마대에 'Genuine Antigua Coffee' 마크를 찍는다. 가짜가 많다는 얘기다. 안티구아는 표고 1500미터 이상의 지역에 속한다. 화사한 산미와 몸이 유명한데 이 조합은 2008년 안티구아 콘테스트에서 우승했다. 버번종, 그늘나무 이용, 습식, 태양건조라는 정통방식을 따르는 보기 드문 곳이다.

산타카타리나 농장 표고 1600-2000미터. 버번종, 화산회 토양, 습식 태양건조. 안티구아 최고의 농장으로, 과테말라 시

근처에 있고 한난의 온도차가 커 독특한 향미를 자랑한다. 보르도 1급 와이너리같이 향미가 복합적이고 몸이 강하다. 1836년 설립되었고 커피의 지식이 풍부하다. 프렌치 로스팅까지 충분하다.

메디나 농장 안티구아 최고의 정제공장 시설을 자랑한다. 버번과 카투라종을 재배한다.

위리아스 농장 안티구아의 유서 깊은 농장으로 버번종을 재배한다.

카모나 농장 표고가 높고 티피카종 80퍼센트, 부르봉 20퍼센트. 스타벅스 거래. 안티구아의 양대 산맥으로, 향미도 복합적이고, 섬세한 과실의 산도가 있고 로스팅에 따라 다양한 맛이 나올 수 있다. 단단한 열매, 좋은 풍미와 균형감, 약간 스파이시하고 복합적인 맛.

핀카벨라 비스타Finca Bella Vista 최고의 농장의 하나인데 스타벅스와도 거래한다. 풍미가 좋고, 스모키하면서도 복합적이다. 산타아나 라우에르타, 벨라카르모나, 풀칼 등도 국제적 명성을 가졌다.

마야누보 72개의 회원사로 구성되었고 표고 1615미터에 있는 호수 주변에서 생산하여 유니트레이드Unitrade라는 유럽공동체의 지원을 받는 회사에 공급한다. 스타벅스는 물론 피츠 커피 앤 티, 시애틀의 베스트 커피 등이 판을 치고 있는데 일본도 여기선 아직 약하다.

❹ 엘살바도르El Salvador

1850년부터 생산했다. 과테말라 못지 않은 커피 생산국이다. 화산 토양에 미네랄이 많은 좋은 토양을 가졌다. 일본으로도 최근 조금씩 나가고 있는데 스트릭틀리 하이 그로운Strictly High Grown이라는 높은 지역의 커피를 최고로 친다.

미국과 독일이 약 80퍼센트를 가져가며 품종은 고지대 품종인 버번이 70퍼센트 정도이다. 그 다음이 파카마라종인데 이 나라에서는 버번보다도 파카마라종이 더 비싸게 유통된다.

- **나무** 버번, 파카스, 파카마라, 카투라.

파카마라종은 단맛과 함께 부드러운 입의 감촉을 주고있어 세계적으로 고품질의 커피로 평가받고 있다. 파카스종과 마라고지페종의 교배종이다. 티피카종과 비슷한 깨끗한 향미에 생두 크기가 커서 주목받는데 몸은 좀 약한 편이다. 버번종이 약 70퍼센트을 차지하며 연 3, 4회 수확이 가능하다.

- **가공** 습식, 건식, 약간의 반건식가공.
- **향미** 버번은 달콤하고 균형이 잡혀 있다. 크림처럼 부드럽다. 감귤과 허브, 초콜릿의 향미가 있다. 세계 최고 수준의 향미를 지녔다. 과테말라의 안티구아 커피보다 부드럽고 초콜릿 같은 몸을 가졌다.
- **규격** SHG 규격, 스크린 18up, 17up, 16up etc.

• **지역과 농장**

타라주Tarrazu 1200-1900미터.

웨스트West Valley 2000미터.

시베리아 농장 표고 1500미터의 자마테텍 동쪽 경사지에 오래전에 세워진 유서 깊은 농장.

엘 카르멘 농장 버번과 파카마라종을 재배하는데 풍부한 그늘나무에 좋은 습식가공 설비 보유.

몬테카를로스 농장 1500-1700미터. 세로라스닌파스 지역. 이 나라 최대농장으로 습식에 태양건조한다. 주로 미국, 이태리로 수출. 노동자에게 높은 급여와 혜택을 주고 있다.

몬테 시온 농장 1400-1750미터, 아파차판 지역.

버번종, 노동자의 생활 지원도 강하다. 습식에 태양건조.

❺ 온두라스Honduras

세계 7위의 커피 생산국.

• **나무** 티피카, 카투라, 카투아이, 파카스.

• **향미** 너츠에 낮은 산도와 부드럽고 균형잡힌 결을 가졌다. 복합적이다. 과일, 생생한 활력에 주스와 같은 단맛, 백향목, 허브, 아몬드의 향미. 꽉찬 몸, 균형감, 간혹 곰팡이 냄새가 나기도 한다.

• **가공** 습식과 건식.

• **규격** SHG, HG.

❻ 멕시코Mexico

• 나무 버번, 티피카, 카투라, 마라고지페.

• 향미 향미는 가볍고 예민한 것에서부터 달콤하고, 초콜릿 같은 부드럽게 균형잡힌 것까지 아주 폭이 넓다. 몸은 중간 정도이다. 오아사카Oaxaca의 커피는 초콜릿과 아몬드 향미를 자랑한다.

• 지역 치아파스, 오아사카, 베라크루스. 표고 약 800-1700 미터.

❼ 자메이카Jamaica : 블루마운틴 이야기

• 역사 인구 약 300만 명, 1.1만 Km^2 섬으로, 기온은 연평균 27도로 비교적 높다. 현재 일본이 90퍼센트를 사고 10퍼센트는 다른 나라에 팔린다.

이 커피는 비싼 것으로 이름 높다. 그런데 진짜 자메이카의 블루마운틴 커피는 아주 한정된 농장의 것을 정부의 커피 산업국의 규정으로 한정해 팔고 수출한다.

전문가들은 자메이카의 블루마운틴이 1960-70년보다 현재가 맛이 없다고 이야기한다. 가짜도 많다. 생산량보다 판매량이 많은 것이 그 증거이다. 'Jamaica Blue Mountain Blend' 라는 라벨의 커피는 진짜 블루마운틴이 5퍼센트만 섞이면 그 이름을 쓸 수 있다. 가짜가 많은 블루마운틴의 대안으로 'Jamaica High Mountain' 이라고 표기된 것이 있다. 좋은 품질에 값은

JBM보다 훨씬 싸며, 믿을 수 있다.

• **나무** 95퍼센트 티피카종.

• **가공** 습식과 반건식

• **볶기** 중간 볶기

• **향미** 1960-70년대 블루마운틴의 향미는 깔끔하고 달콤했으며 복합성은 약했다. 부드럽고 맑은 향미에 은은한 단맛을 가졌다. 다른 커피에서 맛보기 힘들 정도로 마치 벨벳과 같이 부드러웠다.

현재의 블루마운틴은 생두의 선도가 빨리 상하는 경향이 있고, 생기 없고 칙칙하게 느껴진다. 현지의 생두는 신선하게 보이나, 수입항에 도착한 생두는 신선도가 현저히 떨어지는 것이 대부분이다.

90퍼센트를 가져가는 일본에서도 스페셜티 커피의 기준이 명확해지면서, 이 커피가 과연 최고인가에 대한 의문이 생기고 있다.

심지어 일본 호리구치 커피연구소에서는 블루마운틴을 스페셜티 커피의 한 단계 아래인 프리미엄 커피급으로 취급할 정도이다.

• **규격** 블루마운틴 No.1, No.2, No.3가 있는데, 크기, 결점콩의 정도, 생두의 색, 향미 등을 보고 판단한다. No.1 급은 스크린 17-18 이상에 결점수 최대 3퍼센트이다. 큰 농장에서는

No.1 비중이 50퍼센트, 작은 농장에서는 30퍼센트 정도, 피베리는 약 2퍼센트 정도 수확된다고 한다.

• **지역** 블루마운틴. 표고 900-1500미터.

• **볶기** 티피카종 생산국은 화산국이 많다. 화산회 토양이 많아 양질의 산도를 함유하는데, 자메이카는 점토질로서 산미가 적은 것이 특징이며, 바디도 약하므로 깊이 볶기 힘들다. 중간 정도로 볶아 부드러운 맛을 즐길 수 있다.

남아메리카

❶ 콜롬비아Columbia

• **역사** 1723년 예수회에 의해 커피나무가 최초로 소개되었으나 19세기 말까지는 많이 재배되지 않았다. 그러다가 1912년 총 수출의 약 50퍼센트가 커피일 만큼 성장했다.

• **나무** 지역별로 나무의 종류가 다르나 100퍼센트 아라비카이다.

표고 1700-2100미터의 카우카Cauca 지역은 21퍼센트 티피카, 64퍼센트 카투라, 15퍼센트의 카스티오를 재배한다.

1500-2000미터의 발레델카우카Valle del Cauca 지역은 16퍼센트 티피카, 62퍼센트 카투라, 22퍼센트 카스티오이다.

최고의 커피 산지인 나리노 지역은 표고 1500-2300미터인데 티피카 54퍼센트, 카투라 29퍼센트, 카스티오 17퍼센트 정도이다. 연간 두 번 수확하지만 향미가 좋은 것은 주수확기인 3-6월의 것이다.

•향미 다양하다. 둥글고, 부드럽고, 무겁고, 풍성하고, 약동적이고 과일의 단맛과 신맛이 있다. 몸은 꽉찬 느낌이고 너츠의 맛도 있다. 좋은 기후와 토양 덕분으로 좋은 콜롬비아 커피는 어렴풋한 감초맛, 옥수수의 달콤한 향, 사과와 오렌지의 신맛이 있다. 깨끗한 맛에 초콜릿과 같은 바디감도 있다.

•볶기 중간 볶기

•규격 등급은 원두가 큰 수프리모(Supremo, screen 16-18)와 부드럽고 산도가 높은 엑셀소(Exelso, screen 14-16)가 있다. 두 등급 모두 기분 좋은 과일향이 나고 균형이 잡혔으며 중간 정도의 바디감이 있다. 뛰어난 균형감, 때로는 너츠의 맛이 난다. 'National Federation of Columbian Coffee Grower'라는 이름으로 판매된다.

•가공 습식. 커피 체리를 탈각하여, 수조에 담근 뒤 점액질을 제거한다. 발효 시간은 대략 12-24시간. 이후 파치먼트 상태로 태양건조시킨다.

•지역과 농장 주요 지역은 카우카, 발레델카우카, 톨리마, 퀸디오, 히사랄다, 나리노, 칼다스, 안티오퀴아, 쿤디아나마르카, 산탄데르, 북 산탄데르, 시에라 네바다 등이 있다.

산맥이 3개나 있어, 다양하고 미세한 기후 특성을 가지고,

1년 내내 다른 시기에 생산할 수 있다. 서리의 피해도 거의 없으며 태평양과 카리브해의 두 가지 기후를 가지고 있다.

품질 좋은 콜롬비아 티피카종 커피 특유의 맛을 지닌 농장을 찾아내는 것이 어렵다. 재배 연도와 밭에 따른 품질 차이가 크다.

2001년부터 시작된 세계적인 고급 커피의 물결과 반대로 생산량 위주의 지도를 한 부정적인 효과가 너무 크다.

전세계의 약 10퍼센트를 생산하는 제4위의 생산국이다. 그런데, 거의 대부분이 작은 규모의 농장이다.

오스왈도Oswaldo 농장 1650미터. 산탄데르 지역의 부카라망가 부근에 있는데, 그늘나무 밑에 유기재배한다. 버번종, 11-2월 수확, 습식, 태양건조.

수프리모, 엑셀소 급 생산. 낮에 30도, 밤에 8도의 큰 일교차로 산미가 뛰어난 커피 생산의 조건을 지녔다. 세계적으로 유명한 농장이다. 바디감과 감귤의 달콤한 산미가 뛰어나다. 값은 일반적인 수프리모의 3배.

❷ 브라질Brazil

• **역사** 1720년 프랑스령 기아나에서 커피나무가 처음 들어왔다. 1920년에는 세계 생산의 80퍼센트를 점했으나 지금은 약 35퍼센드 정도이다.

커피의 최대 생산국이자 미국 다음의 소비국이다. 세계 커피시장의 가격을 주도해 브라질이 서리나 가뭄으로 수확이 떨어지면 세계 커피값은 폭등한다.

현재 대형 커피회사의 대량판매 커피는 브라질 커피를 사용한 것이 많다. 그리고 거의 모든 좋은 에스프레소 커피에는 브라질 커피가 들어간다. 좋은 크레마와 바디(몸)감을 주는 역할을 하기 때문이다.

• **나무** 버번, 카투아이, 아카이아, 문도노보 중심으로 5-9월이 수확기. 버번종이 가장 많으나 점점 재배면적이 줄고 있다.

• **향미** 맑고 부드러운 맛, 몸이 있으나 중미산과 같이 산미가 적다. 표고 800-1200미터로 중미에 비해 낮아 전체적으로 산미가 적다.

• **가공** 건식과 반건식은 바디감이 있는 커피를 만들고, 버번은 문도노보종보다 부드럽고 전체적으로 흙 향기의 느낌이 있다.

• **규격** 표준등급인 산토스란 말은 상파울로 근처의 항구에서 선적됐다는 뜻이다. 브라질에도 스페셜티 커피에 대한 관심이 높아져 생산을 늘리고 있다. 브라질에서는 3종류의 커피가 생산된다.

첫째는 싸고 많은 양을 생산하는 아라비카 커피로 상업적 대량 생산용이다. 집에서 볶는 애호가가 가장 피해야 할 대상이다.

둘째는 에스프레소에 들어가는 블렌딩용 커피이다. 산토스 2/3, 'Good to fine Cup'이라는 이름으로 거래된다. 몸은 중간에서 꽉찬 정도이고 달콤하고 숙성된 맛을 보인다.

셋째는 반건식으로 가공된 고급품이다. 밝고 부드럽고, 미묘한 과일향과 꽃향기도 감지되는 섬세한 커피이다.

• **볶기** 폭이 넓다.

• **지역과 농장** 상파울로와 미나스제라이스 2개 지역의 생산량이 전체의 55퍼센트에 달한다. 좋은 커피가 생산되는 지역으로는 설드미나스, 모기아나, 세라도, 마타스드 미나스 지역이다. 세라도의 작은 땅인 차파다오드 페로와 세라드 살리타 지역이 주목할 만하다.

마카우바 데시마 농장 과일 향미가 우수하다.

놋사뇨라 드카르모 농장 브라질에서는 고지대라고 할 1300미터 지역에 있다. 맑은 산미와 단맛, 바디감을 자랑한다. 브라질 최고 농원의 하나.

다테아 농장 독자적으로 블렌딩한 커피를 진공 포장하여 수출한다.

마카우 바데티마 농장 세라드 지역. 부드러운 맛과 단맛이 매력있다. 230헥타르.

세라도 농장 컵 오브 프로그레시브Cup of Progressive 입상.

아프카라나Apucarana 농장 표고 1200미터. 2003년 1위 입상, 카투아이종.

판타노Pantano 농장 1150미터. 2004년 1위 입상, 옐로우 카투아이 피베리Yellow Catuai Peaberry. 농축감이 있으며 부드럽고, 단맛도 있어 뛰어나다.

카초에이라Cachoeira 농장 1100-1200미터. 버번사 소유.

카페 오브 엑설런스Café of Excellance 3회 연속 수상. 이태리 일리 커피의 오랜 거래처.

다테라 에스테이트Daterra Estat 농장 현대적인 가공공장을 가지고 좋은 커피를 생산하는 대규모 농장. 파젠다 라고하, 파젠다 레인하 지역도 스페셜티 커피 구매 리스트에 등록된 곳이다.

아시아 태평양 국가

❶ 인도네시아Indonesia

• **역사** 1711년부터 네덜란드의 동인도 회사가 이곳의 커피를 유럽으로 수출했다. 세계 제3위의 생산국이다.

낮은 산도와 단단한 몸으로 유명하다. 인구 2.5억 명, 자바, 수마트라, 술라웨시 등에서 커피를 재배한다. 아라비카종은 전체 생산의 10퍼센트 정도. 나머지는 로부스타종이다. 수마트라는 전체 생산의 60퍼센트를 차지하고, 린톤과 아체가 중심이다. 수확기는 10-3월이다.

(a) **수마트라** 표고 1100-1600미터. 북쪽의 아체, 조금 남쪽의 토바 호湖 근처, 새롭게 소개된 남쪽의 망쿠라자 세 지역이 유명하다. 아체의 타켄공이나 토바호의 린톤이 이름 있다. 예전에는 수마트라 만델링이란 이름으로 커피가 팔렸다.

• **나무** 티피카, 카투라, 버번, 카티모르 등 아라비카가 약 25퍼센트를 차지한다.

• **향미** 땅, 숲, 스파이시, 허브, 계피, 낮은 산도, 묵직한 몸과 결. 전반적으로 커피는 강하고, 감칠맛과 초콜릿, 그윽한 향과 진한 풍미 속에 산도도 약간 느낄 수 있다. 크림이나 우유를 넣어도 맛에 영향을 주지 않는다.

• **규격** Grade 1, 2로 표기되나, 이는 크기가 아니고 맛의 품질이다. 그러나 이도 정확하지는 않다. 콩이 적당히 뒤섞여있기 때문이다.

• **가공** 반건식이지만 수마트라 특유의 방식Giling Basah으로 독특한 향미를 얻는다. 커피체리를 따서 과육을 제거하고 파치먼트 상태로 1차 건조시킨다. 이렇게 임시로 건조시킨 수분 높은 파치먼트를 상인이 사서 한꺼번에 탈각한다. 높은 수분의 파치먼트를 탈각한 것을 아사란이라고 부른다. 아사란을 다시 태양건조를 통해 수분이 13퍼센트까지 내려가도록 2차 건조시킨다. 비가 많이 오는 수마트라의 건조시간 단축의 노

하우인 셈이다.

수마트라, 술라웨시, 파푸아뉴기니의 커피는 묵직한 몸이 특징이다. 이들은 커피 수확 후 껍질을 벗겨 과육상태에서 덜 건조시켜 마지막 탈각의 공정으로 들어가는 오랜 전통을 따라 하는 곳이 많은 영향일까?

(b) 만델링이라는 이름의 커피

수마트라에서 세계가 알아주는 만델링Mandheling이 생산된다. 수마트라 북부의 만델링 족의 이름에서 유래되었다.

근래 약 10년간 만델링의 맛의 변화가 커져서 카티모르종이 베이스가 된 G-1은 개성이 약하고, 탁한 땅 냄새가 나기도 한다. 이런 맛은 원래의 만델링과 다르다고 주장하는 전문가도 많이 있다.

•**향미** 원래의 만델링은 융단 같은 입의 감촉, 크림 같은 느낌의 바디감이 있다. 수확 즉시 입수하면 골격이 단단하면서도 열대 과일계의 향미, 향신료와 허브향이 혼재한 복합성이 있다.

카티모르의 만델링은 식물, 허브, 향신료와 같은 복합적 향미가 있다. 재래종은 카티모르에 없는 확실한 산미를 가지고 있으며, 벨벳이나 크림 같은 결이 있다. 만델링은 세계에서 가장 풍부한 농도, 근육질 몸의 아라비카로 묘사된다. 그러나 차별화된 맛있는 만델링을 찾아내는 사람은 많지 않다고 알려져 있다.

•볶기 짙게 볶아 마시는 커피로 알려져 있으나 로스팅이 어렵다. 좋은 만델링은 섬유질이 부드러워서 강한 프렌치 로스팅을 하면 불길이 원두 안으로 들어가 과도하게 탈 수 있기 때문이다.

•보관 정상보다 높은 13퍼센트 정도의 수분 상태로 수입되어 도착시 일반 창고에 들어가면 품질에 타격을 입기 쉽기 때문에 온도가 일정한 창고에 넣어야 한다.

•만델링의 규격 만델링 스페셜 G-1, 수퍼 만델링, 만델링 타월그린, 팬시 만델링, 토바그린, 울트라 만델링, 골든 만델링 등 복잡하다.

•미국향Aged Mandheling 옛날에는 인도네시아에서 유럽까지 느린 범선으로 여러 달의 항해를 했다. 오랜 항해 중 더운 날씨에 습도가 높았기에 생두는 천천히 숙성되었고, 자연스럽게 부드러운 향미를 띠게 되었다. 그 바람에 독특한 맛이 생겼다. 이러한 옛맛을 찾는 미국의 애호가들이 생기자 미국향Aged Mandheling이 생겼다. 주로 싱가포르의 업자들이 독자적인 방법으로 만들어 미국에서는 피츠 커피 엔 티coffee & tea 회사와 탈리스 커피회사가 판매한다.

좋은 생두를 환기 잘되는 창고에 투입, 월 1회 마대에서 끄집어 내어 환기시킨다. 나중에는 3개월에 한 번씩 3-6년간 숙성시킨다.

•**복기** 풀시티에서 프렌치 로스팅까지가 좋다

수마트라에서 생산하는 묵직하고 짙은 농도의 만델링 Mandheling과 앙콜라Ankola가 특히 높은 평가를 받고 있다.

오랜 항해 기간이 소요되는 범선 대신 빠른 증기선이 등장하는 바람에 인도네시아 정부도 향수鄕愁 판매에 나섰다.

항해 기간 중 숙성된 커피 맛에 익숙한 애호가들에게는 신선한 인도네시아산 커피가 오히려 생소하게 느껴졌다. 그래서 인위적으로 인도네시아 정부가 1년 이상 오두막집에 저장했다 판매하는 기현상이 생겼다. 'Old Government', 'Old Brown', 'Old Java'라는 이름으로 판매한다.

(c) 코피 루왁Kopi Luwa이라는 독특한 커피 긴꼬리 사향고양이civet cats인 루왁Luwak 혹은 사향고양이가 반쯤 소화시킨 배설물에서 나온 커피를 모아 고가에 파는데 애호가들이 희소성을 즐긴다.

값은 매우 비싸고 맛은 호불호가 갈릴 수 있다. 묵직한 몸, 낮은 신맛, 불쾌한 풍미로부터 매력적인 풍미(곰팡이 냄새와 퀘퀘한 냄새, 와인의 과일향, 가죽, 파이프 담배, 달콤한 흙 냄새까지)를 두루 갖췄다.

(d) 술라웨시 표고 1100-1800미터. 보르네오와 파푸아뉴기니 사이에 있는데 이곳의 커피는 진한 농도와 함께 좋은 향을

가지고 있다. 올드 티피카 등 95퍼센트 정도의 아라비카를 재배하며 7-9월 수확한다. 그중에서도 칼로시, 토라자, 란테파오에서 재배된 것을 높이 친다. 브랜드로 'Celebes kalossi'가 좋은데 주시장은 독일과 일본이다. 술라웨시의 커피의 대부분은 작은 농장에서 재배한 것이다. 타나토라자 지역이 특히 술라웨시에서 이름 있다. 큰 농장의 것은 습식가공을 통해 가벼운 몸에 깔끔한 맛을 가지기 쉬워 오히려 당황스러울 수도 있다.

• **가공** 대부분 습식가공이고 반건식가공도 있다.

전통적으로 가공된 수마트라나 술라웨시 커피는 위스키로 말하자면 싱글몰트 위스키라고 할 만하다. 가격도 착한 편이다.

• **향미** 그레이프후르츠, 베리, 너츠, 스파이시 향미. 술라웨시의 토라자의 것(1100-1800m)은 향미가 부드럽다. 토라자나 칼로시로 알려진 술라웨시 커피에선 흙과 나뭇잎향, 버섯향으로 인해 숲의 맛과 같은 놀랍고 도전적인 풍미도 찾을 수도 있다. 수마트라 커피보다 품질의 일관성이 높고, 산도가 강화된 반면 바디는 연해졌다고 하여 인기가 높다. 로부스타로 유명한 자바 섬과 발리에도 아라비카가 있기는 하나 열매도 작고, 향미도 약하다.

❷ 파푸아뉴기니Papua New Guinea

• **나무** 티피카종의 귀중한 산지이다. 티피카는 1928년 자메

이카에서 들어왔기에 블루마운틴종이라고 불리기도 한다. 근래에 아르샤종도 케냐에서 들어왔다.

•향미 버터같이 고소하고 부드럽고, 달콤하고 복합적이다. 과일과 감귤의 향미, 깊은 감촉, 산도는 약한 것에서 중간까지로 비교적 강한 몸과의 균형이 좋다.

설비, 재배관리에 따라 품질의 차이가 크다.

•가공 대부분 습식이며 큰 농장은 기계 건조도 한다.

•규격 큰 농장 규격Plantation Grade : AA, A, X. 큰 농가는 철저한 관리와 좋은 정제 설비로 생산량은 대략 5퍼센트 정도로 고급품을 생산한다. 20헥타르의 큰 커피농장은 2곳밖에 없다.

우수 소규모 농장 규격 : PSCPremium Smallholders Coffee Grade. 10-20헥타르의 중규모 농장의 콩. PNG A-Grade는 Plantation Grade에 이어 평가가 높다.

•지역과 농장 태양건조와 그늘나무의 이용 등 고품질의 환경이며 기후도 좋다. 1500-1900미터의 이스트 하이 랜드East High Land.

표고 1500미터의 중앙고원 하겐 산의 서부와 동부의 고로카 지방에서 재배한다. 소농가 중심으로 자연적인 유기농 재배를 한다.

Native Y Grade 가족 단위의 작은 농장. 농장에서 과육을 제거한 후 1일 태양건조한 것은 파치먼트를 중개상이나 공장에

판매하는데, 품질관리가 잘 되지 않는다.

시그리Sigri 농장 하겐 산山. 티피카종, 습식, 태양건조.

독일과 프랑스에서 최고의 농원으로 평가되고 있다. 이 농장의 커피의 향미는 세계 커피의 기준의 하나로 평가되고 있다. 싱싱한 풀향기가 특징이고 가볍고 부드러운 산미와 단맛을 가지고 있다. 스타벅스도 구매하고 있다. 바디, 신맛, 감귤향이 두드러진다.

❸ 동티모르East Timor

•**역사** 인구 110만 명, 1.5만km², 2002년 인도네시아로부터 독립.

미국, 일본, 포르투갈의 지원으로 커피 농사가 서서히 회복되고 있다. 대체로 작은 농가이고 5-7월이 수확기이다.

•**나무** 아라비카의 티피카종과 부르봉종이 중심. 비료와 농약을 쓰지 않는다. 1000미터 이상에서는 티피카종이 자라고 있으며, 일부 버번계의 교배종도 눈에 띈다. 자연스런 유기농 재배가 되고 있는데 스타벅스도 주요 고객이다. 아라비카가 80퍼센트 정도.

•**향미** 알찬 풍미, 고급스런 과일향, 부드러운 산도.

향미는 깨끗하고 오렌지 같은 산미, 부드러운 여운이 느껴지나 바디감은 약하다. 깔끔하고 밝은 산미에 부드러운 맛을 지녔다.

•**볶기** 미디엄에서 하이 로스팅까지가 적절하다.

•**가공** 수동 기계로 과육을 제거하여 파치먼트 상태로 만든 다음 수조에 담궈 점액질을 제거한다. 블루마운틴 급의 잠재력이 있다.

•**지역과 농장**

레페포호 지역농장 표고 1600미터는 고품질의 커피생산의 중심이다.

에르메라 현 레테호호 촌村 표고 1450-1700미터 사면에서 재배되는 티피카종은 일본의 원조로 특별 관리되고 있다. 큰 열매, 완숙된 것만 손으로 따서 전부 태양건조 3-4일. 습식가공하여 깨끗하게 관리된다.

좋은 커피는 수마트라산과 같은 특성을 가져 아시아 최고의 커피로 부상했다. 에르메라 지역이 전 생산량의 절반을 차지하며, 가장 좋은 품질을 생산하는 곳은 아이나로 지역 그리고 수도 근처의 리퀴카 지역으로 나뉜다.

❹ 하와이 코나Hawaii Kona

•**역사** 미국 유일의 커피 재배지가 하와이다. 하와이 섬의 서쪽 해안에 있는 코나Kona가 최고의 커피를 생산하는 지역으로 자메이카 블루마운틴과 함께 세계에서 가장 비싼 커피이다. 코나는 많은 사람들이 품질이 좋아 값이 아깝지 않다고 생각한다.

코나 지역의 경작지 확보에도 관광업과 경합해야 한다. 관광산업 시황이 좋다. 반경 30킬로미터 정도의 화산지대 마우나로아 산 북부와 남부의 경사지에서 재배된다. 강우량과 일조량이 적당하고 서리가 내리지 않고, 토양이 비옥하다.

라틴 아메리카는 에이커(약 1300평)당 600-900킬로그램 정도 생산되는데 코나에서는 2,200킬로그램 정도 생산된다. 뛰어난 생산성과 가격이 높은 생산 원가를 상쇄해 주고 있다.

이 커피도 '코나 블렌드Kona Blend'라는 묘한 이름으로 판매되는 것이 있는데, 진짜 코나커피가 10퍼센트만 섞이면 이 이름을 쓸 수 있다. '100% Kona', 혹은 'Kona Coffee Council 100%'라는 문구가 백에 쓰여 있어야 100퍼센트 진짜 코나 콩이다.

• **나무** 1892년 과테말라의 티피카종이 처음 하와이에 들어왔고 1920년부터 확산되었다. 수령 100년이 넘은 커피나무가 많다. 나중에 브라질에서 들어왔다고도 한다.

• **규격**

Type 1 : 엑스트라 팬시, 팬시, No.1.

Type 2 : No.1, 피베리 & 피베리 프라임.

콩 크기가 스크린 19도 많고, 에이커당 수확량도 라틴 아메리카의 3배나 된다. 가장 크고 광택이 나는 아름다운 콩이라 할 만하다.

•**향미** 가라앉은 과일향, 꽃향기와 함께 달콤하고 부드러운 맛, 신맛과 바디감의 균형이 특징이다. 이는 라틴 아메리카의 클래식한 콩과 비슷한 특징이다. 풍성하고 균형 잡힌 향미와 강력한 향기로 이름 높다. 깊은 맛을 느낄 수 있으며 어떤 사람은 계피향도 느낀다. 여러 가지의 복합적인 향미가 특징인데 기품있는 감귤과 같은 화려한 향기, 노송나무(히노키)의 향, 숲의 향기도 있다.

중간 크기의 몸.

•**볶기** 미디엄 하이 로스팅에서 시티까지가 좋다.

근래 다크 로스팅이 유행하고 있으나 향미의 한계를 아슬아슬하게 넘는다. 무리하여 프렌치 로스팅하면 향미가 무너질 수 있다.

•**가공** 보통 내추럴Natural, 건식가공이란 건조한 커피체리 상태에서 외과피, 과육, 파치먼트를 한꺼번에 벗겨내는 것을 의미한다. 과육 제거 후 태양건조시키면 반건식Pulped natural, 수조에 담궈 가공하면 습식가공이 된다. 원심력 기계로 점액질을 제거하면 반건식이 된다.

중소 규모의 농장은 탈각과 선별을 가공 공장에 의뢰한다. 에어컨과 제습기를 사용하는 커피 농가도 많다. 습도가 많은 하와이에서는 태양건조에 약 10-14일이나 걸린다. 큰 농장에선 하루 태양건조한 후 아예 건조기계를 사용하는 것을 당연히 생각한다.

• **등급** 스크린 사이즈와 결점수로 등급이 결정되고 수출되는데 기준이 엄격하다. 수분이 12퍼센트가 넘으면 수출할 수 없다. 최고급인 엑스트라 팬시는 하와이 현지에서도 별로 유통되지 않고 있다. 다른 나라와 달리 하와이의 피베리는 최고 등급 엑스트라 팬시와 같은 가격으로 거래된다.

최고 등급은 비싼 만큼 가짜들이 유통되어, 진짜를 만나기 쉽지 않자 정부의 규제로 개선되었다. 현지의 이름난 커피 전문점에 가면 진품을 만날 수 있다.

커피 알갱이는 한 쌍의 납작한 커피씨가 서로 마주보며 들어있는데, 그중 하나로 둥글게 말려들며 성장한 것을 피베리 Peaberry라고 한다. 알맹이가 작고 생산량도 적은데 특히 하와이에서는 고가에 거래된다.

• **지역과 농장** 빅 아일랜드의 코나의 표고는 약 600미터.

연평균 기온이 24도로 쾌적하고, 수확은 10-1월 중에 이루어진다. 높지 않으나 해양성 기후 영향으로 1200미터 정도의 중미와 비슷한 환경이다. 서늘하고, 오후에는 구름이 끼어 그늘나무의 역할을 한다. 유명 생산지는 홀루아로아, 캡틴쿡, 호나우나지 세 지역이다.

그린웰 농장 하와이의 대표적 코나 커피농장. 세미 워시드, 태양 및 드라이 건조 병행.

카아나파리 농장 마우이의 유명 리조트 단지 카아나파리에 있다. 작은 입자의 모카를 내추럴(건식)로 정제하여 드라이 건조하는 특수한 농장이다.

작은 농가 큰 가공 공장을 보유한 곳에 생산물을 파는 수가 많은데 하와이는 고정자산에 대한 세금, 인건비, 물값이 비싸기로 유명하다.

가공방법Process에 따른 향미특성

커피 원산지, 커피나무의 종류, 등급을 제외하고 커피의 향미를 결정하는데 중요한 요소의 하나가 커피열매의 가공Processing방법이다.

커피열매Coffee Cherry는 가장 바깥에 껍질Outer layer of fruit, Skin, 달콤한 점액질로 된 과육Sugary mucilage, Pulp 그 안쪽으로 파치먼트Parchment. 은피Silver Skin라고 불리우는 여러 겹으로 구성되어 있다.

가장 안쪽에 두 쪽의 커피콩 생두Green beans, seeds가 자리 잡고 있다.

잘 익은 체리는 수확 후 몇 시간 이내에 가공해야 향미를 살리기 쉽다. 가공방법이 나쁘면 가장 잘 익은 커피체리의 품질

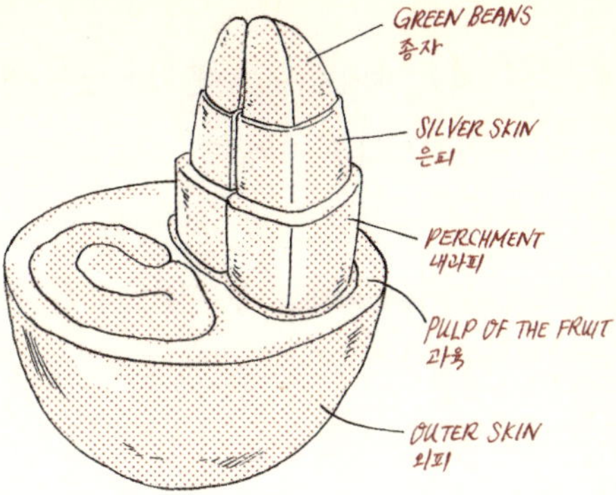

도 크게 악화될 수 있다.

크게 나누어 다섯 가지 가공 방식이 있으며 이에 따라 맛이 달라진다. 건식Dry process=Natural과 습식Wet process=Washed, Pulped Natural, 허니 가공Honey Process, 수마트라Sumatra식 등의 방법으로 나뉜다.

습식가공Wet Process, Washed

습식가공의 목표는 커피의 씨green beans에 붙어있는 끈적이는 과육을 건조 전에 전부 제거하는 것이다. 이렇게 함으로써 건조과정에서 생길 수 있는 맛의 악화 가능성을 원천 봉쇄하려는 것이다. 따라서 품질이 안정되기 쉽다. 이 가공법은 비용이 가장 많이 들어가므로 가난한 농가에서는 채택하기 어렵다.

• **선별** 수확 즉시 커피열매를 물통에 담가 위에 뜨는 덜 영근 것은 제거하고, 가라앉은 것 중에서 이물질을 골라내어 좋은 것만 남긴다.

• **과육 제거**Depulping 가라앉은 커피콩 중에서 좋은 것만을 골

라, 과육 제거기pulper에 걸어 껍질과 과육의 대부분을 제거하고 점액질의 파치먼트Parchment만 붙어 있는 상태로 남긴다. 제거된 껍질 등은 퇴비로 사용된다.

• **발효**Fermentation 무게별로 분류하여 새로운 탱크에 파치먼트가 붙은 채로 반나절에서 약 3일간 발효시켜 파치먼트가 흐물흐물하게 만든다.

• **세척** 공정의 마지막 단계에서 남은 파치먼트를 씻어내면 깨끗해진다. 물통도 있어야 하고 물이 많이 필요하다. 환경문제도 따른다.

• **건조** 태양건조 혹은 드라이어 건조. 건져낸 파치먼트가 약간 붙은 상태의 알갱이를 건조대에 올려 4-10일간 건조시킨다.

• **안정화**Resting 1-2개월 정도 휴식시킨다. 향미의 안정화 과정이다.

• **기계 탈각**Hulling 마른 파치먼트와 은피Silver Skin를 기계로 제거하여 최종적으로 생두를 얻는다.

• **포장** 비중, 크기, 색깔에 따라 최종 분류하여 일반 상용으로 팔 것과 고급 스페셜티 커피 시장에 팔 것을 달리 포장한다. 이렇게 만든 커피는 향미가 안정된다. 깨끗하고 밝고 신맛이 더 나며 균형 잡힌다.

대체로 이 방식으로 가공한 콩이 다른 방식에 비해 비싸게 유통된다. 콜롬비아, 과테말라, 탄자니아에서 많이 쓰는 방식이다.

건식가공Dry Process, Natural, Unwashed

가장 오래된 가공방식이다. 햇볕이 쪼이는 양지바른 마당이나 바람이 잘 통하는 테이블에 얇게 펴서 건조시킨다. 곰팡이가 슬지 않도록 몇 차례 고무래로 뒤집어 주어야 한다.

•**선별** 수확한 커피열매를 손으로 좋은 것과 나쁜 것을 분류하여 널어 놓는다.

•**건조** 자연건조Natural. 커피체리를 마당이나 건조대에서 약 2주간 말리면 쭈그러든다. 색깔은 점점 갈색으로 바뀐다.

•**안정화Resting** 약 1-2개월간 마른 커피를 향미를 향상시키기 위해 휴식을 시킨다.

•**기계 탈각** 말라버린 과육과 파치먼트, 은피를 압착 기계로 제거한다.

•**등급별 선별** 비중, 크기, 색깔에 따라 품질을 분류하여 일반등급과 스페셜티 커피 시장용으로 포장을 달리한다. 스페셜티 커피 포대는 60-70킬로그램이다. 물이 부족한 산동네에서 채용하는 가공법인데 별도의 투자가 필요 없다. 에티오피아와 일부 브라질 지역에서 이 방식을 많이 쓴다. 잘 말려 탈각한 커피콩은 충분한 무게감과 복합적인 색다른 풍미, 블루베리, 딸

기나 열대과일의 향미가 있다.

이렇게 만든 콩은 진하게 볶아도 견디는 힘이 있으며, 깊은 맛을 낸다. 그러나, 잘 말리지 않으면 곰팡이가 피고, 헛간이나 거름 냄새가 난다. 그리고 빨리 건조된 커피는 비교적 짧은 기간에 그 향미를 잃을 수 있다.

Pulped Natural Process

크게 보면 이 방식도 습식가공Wet Processing의 하나이다. 이 방식은 물의 사용량을 줄이고 향미는 유지해보려는 노력으로 개발된 하이브리드 가공방식이다. 브라질에서 시작되었다.

• **선별** 이때 잠시 물을 사용한다. 수확 즉시 물통에 넣어 이물질을 제거하고 분류 선별한다.

• **과육 제거**Depulping 과육 제거기로 겉껍질과 대부분의 과육을 벗긴다.

• **건조** 끈끈한 상태의 파치먼트를 판판한 곳에 널어 통풍을 시키면서 건조시킨다. 이 과정에서 단맛과 몸의 힘이 향상된다.

습식가공시 거치는 발효 과정을 생략하고 달콤한 과육, 파치먼트, 실버 스킨이 붙은 상태로 앞마당이나 건조대에서 7-12일간 말린다.

이때 콩의 색이 불그스름하거나 갈색의 부분이 생긴다. 너무 빠르게 건조시키면 향미가 저하되니 주의해야 한다.

• **안정화Resting** 사일로에서 1-2개월 휴식시킨다.

• **탈각Hulling** 남아있는 마른 상태의 파치먼트, 과육, 실버 스킨을 기계로 제거한다.

• **등급, 선별포장Grading & Packing** 등급 분류를 하여 포장을 한다. 복합적 향미가 있어 브라질에서는 건식보다 더 높이 평가한다. 잘 익은 콩을 골라낼 수 있어 건식에 비해서 균일하게 품질이 관리된다. 코스타리카의 작은 가공공장에서도 쓰는 방식이다.

허니 가공Honey Process

Pulped Natural Process와 흡사하나 물을 사용하지 않거나 덜 사용한다. 코스타리카와 엘살바도르를 포함한 중앙 아메리카에서 사용한다.

기계로 커피콩의 과육이 100퍼센트, 80퍼센트 혹은 20퍼센트 남겨질 수 있도록 미리 설계하기에 보다 정교한 향미 조절을 하는 셈이다.

과육Pulp(Honey)이 많이 남겨질 경우 발효과정에서 흠이 있는 커피의 향미가 생길 수 있는 위험 부담도 있다. 물통에서 발효시켜 파치먼트를 제거하는 공정이 없어 시간이 단축되고 물이 적게 사용된다. 환경 보호와 시간 단축에 좋아 세계적으로 확대되고 있다.

수마트라식 가공Wet Hulled Process, Semi-washed / Giling basah

습도가 높은 인도네시아에서 많이 사용하는 방식인데 커피 체리 수확 후 즉시 수동식 탈각기에 걸어 과육을 제거하고 임시로 1차 건조시킨다.

일반적 가공방식은 탈각 후 건조과정에서 수분이 11-12퍼센트가 되지만, 이 방식은 30-35퍼센트에 달한다. 이런 상태의 콩을 아사란이라고 부른다.

선적 전 다시 파치먼트를 탈각하여 곰팡이가 슬지 않을 정도인 13퍼센트 이하로 2차 건조시킨다. 2차 건조에 의해 커피콩의 색깔이 진한 녹색이 된다.

산도가 낮고, 바디가 묵직해지고, 나무향, 흙향, 향신료, 담배, 가죽향이 생길 수 있다. 독특한 향미를 즐기는 사람들이 좋아한다.

가공Process 향미 요약

습식Washed Process

향미가 깨끗하고 품질이 안정된다. 일정한 외양, 깔끔하고 일관된 맛과 향, 산뜻한 산도를 보여준다. 많은 소비자들이 좋아하는 공통적인 향미가 얻어진다.

건식가공과 Pulped Natural은 가공과정에서 알맹이의 파손이 상대적으로 많고, 맛과 향이 불안정한 경향이 있다.

그러나 과육과 함께 건조되기 때문에 과육의 특징이 반영되어 긍정적인 복합적 풍미를 나타낼 수도 있다. 호불호가 갈린다.

습식설비는 투자비용이 들기 때문에 가난한 농부들은 설치가 불가능하고, 대농장이나 조합에서 할 수 있다. 습식이라고 표기된 생두는 보다 높은 가격을 책정하는 수가 많다.

습식은 콩을 감싼 과육이 마르기 전에 부드럽게 단계적으로 벗긴다. 안정되고 깨끗한 맛, 밝으면서도 신맛이 난다.

케냐와 에티오피아의 콩은 대체로 습식가공을 거친다.

건식가공Dry Process

이 방식으로 가공된 커피는 과일맛과 바디감이 강한 편이나 안정된 품질 관리는 떨어진다.

그러나 커피의 몸이 단단하고 복합적 향미를 가진다. 강한 볶기도 가능하여 농후한 맛을 가질 수 있으나 품질 불안정으로 좋은 가격을 받기 힘든 경향이 있다.

과테말라 콩은 대체로 건식가공 방식을 취한다.

Pulped Natural Process

일종의 타협책인데 겉껍질은 수확과 동시에 제거되지만, 과육과 콩은 함께 말려진 후 나중에 기계로 벗겨낸다.

비교적 깨끗한 향미와 함께 몸도 단단하고, 복합적 향미도 있다. 브라질에서 2000년부터 시작됐는데 선별이 용이하여 고품질화의 이점도 있다.

브라질에서는 건식가공보다 단맛이 좋다고 주장한다. 건식을 연상하게 하는 과일맛과 꽃향기를 즐길 수 있다는 장점이 있다. 햇볕에 말리는 것이 드라이어 기계로 말린 것보다 품질이 좋다는 평가를 받고, 기계로 말린 것도 낮은 온도보다는 높은 온도로 말린 것을 높이 친다.

커피열매에서 생두(커피의 씨앗)를 추출하는 방법에 따라 풍미가 달라지므로 커피의 가공 방법은 매우 중요하다.

볶기Roasting

제3의 물결의 선두 주자 중 하나인 미국 포틀랜드의 스텀프 타운은 커피 맛의 궁극의 목표를 카페인, 맥주, 마리화나용 물 파이프 맛의 균형 잡힌 조화에 둔다고 한다. 복합적인 향미를 뜻한다. 마리화나용 물 파이프란 목표가 이상하지만.

그들은 이러한 향미를 나타내기 위해 최고의 볶기 노하우를 개발하려고 끊임없는 노력을 한다. 볶는 기계 선정에도 매우 신중하다. 스텀프 타운은 오래된 독일제 로스팅 기계인 프로밧Probat을 사용한다.

커피의 생두Green Beans를 그대로 우려내선 커피맛이 나오지 않는다. 볶아서 우려내야 시고, 달고, 쌉쌀하고 과일향과 꽃향, 너츠와 초콜릿 향미를 얻을 수 있다.

볶는 방법은 생두의 생산지, 수확 시기, 가공방법, 수입 시기, 보관 상태, 수분 함유, 볶는 시간 등에 따라 크게 다르다.

일반적으로 커피콩은 신선한 것을 최고로 친다. 와인과 다른 점이다. 오래된 콩의 좋지 않은 향미는 로스팅해도 사라지지 않으니 새로운 콩과 섞지 않는다. 그날 혹은 그 주에 사용할 콩을 정하고 그 콩에 맞는 적절한 방식이 무엇인지 연구해야 한다. 커피는 볶으면 수분과 잡물의 유실로 인해 약 15-22퍼센트의 무게가 감소한다. 생두를 섭씨 200도 전후에서 15-20분 볶아내는데 중량이 20퍼센트 감소하고 수분도 12퍼센트에서 4퍼센트 정도로 크게 감소한다.

볶기와 터짐Cracks

볶는 온도가 상승하면 날콩이 익어가면서 탄산가스가 만들어지고 그 압력으로 콩이 팽창하고 터짐Crack이 생긴다.

볶는 기계에 생두를 넣고 불을 가해서 몇 분 지나면 커피콩이 터지기 시작한다.

첫 번째 터짐Cracks이 진행되면 민감한 콩은 순식간에 망가질 수도 있다. 두 번째 크랙이 진행되면 커피의 색깔은 진해지는데 이때쯤 감귤과 꽃향기의 풍미가 엷어지므로 온도를 향미의 목표에 따라 적절히 내려야 한다.

첫 번째와 두 번째 크랙의 중간에서 온도를 단계적으로 부드럽게 내리는 미묘한 기술도 중요하다. 달콤, 새콤, 부드럽고 복잡한 것이 좋다.

첫 번째 크랙과 두 번째 크랙의 콩을 섞으면 색다른 맛이 만들어진다. 이렇게 섞는 것은 스텀프 타운의 노하우의 하나이기도 하다.

터지는 소리와 색은 언제 볶기를 중단할지를 판단하는데 중요하다. 터지는 도중 꺼낼 때는 불을 약하게 하면서 꺼내야 지나치게 진행되는 것을 막을 수 있다. 색과 소리를 감각적으로 느끼는 것이 온도계에 의존하는 것보다 중요하다. 볶다가 중단하는 시간의 조절은 아주 미묘하고 힘들다. 급격한 중단에 따른 온도 저하에 따라 향미의 복합성을 잃을 수 있다. 커피의 진함과 달콤함의 균형을 찾아내며 볶기는 쉽지 않다. 커피의 기름이 나오는 정도, 투입량, 색, 온도계를 사용하여 아주 짧는 시간에 중지하거나 온도를 내려야 한다. 이때 중요한 판단의 자료는 색이다. 첫 번째 터짐에선 최고의 감귤맛, 두 번째 터짐에선 포도주의 풍미와 시럽 같은 단맛이 난다.

볶는 기술을 향상시키기 위해선 같은 콩을 같은 향미가 나오도록 볶는 실력이 있어야 하고 콩의 종류에 따른 볶기도 가능해야 한다.

볶기의 강도

제3의 물결의 지도적 인물들은 스스로의 회사를 볶는 집Roaster이라고 한다. 우려내는 집Brewer이라고 지칭하지 않는다. 볶는 게 더 중요하다는 뜻이다.

생두를 얼마만큼 볶았느냐에 따라 호칭이 달라지는데, 스페셜티 커피의 원점이자 선진국인 미국에서 사용하는 용어를 세계적으로 많이 쓴다.

일본인들이 로스팅Roasting이란 영어 단어를 보고 새로 만들어낸 어색한 표현이 있다. 배전, 강배전, 약배전이 그것인데 한국이 그대로 흉내내어 쓰기 시작했다. 배전이란 말은 한국어 사전에 없고, 일반적인 일본어 사전에도 없는 단어다. 배焙는 불에 쬔다는 뜻이 있고, 전煎은 졸이다, 지지다, 굽다라는 뜻이다. 배전은 일본식 한자 조어 작업이다. 한국은 해방된 지 70년이 지나도 일본의 언어 모방자 노릇을 끊임없이 한다. 일본이라는 신조어의 주인집에 얹혀 사는 머슴 같은 역할을 한국 커피업계의 일부 사람들이 고민없이 답습하고 있는 것은 부끄러운 일이다. 차라리 선진국 영어를 그대로 쓰거나, 가볍게 볶기, 혹은 약볶기, 중간 볶기, 중볶기, 많이 볶기, 혹은 강하게 볶기, 강볶기 등 얼마든지 한글화가 되는데도 터무니 없이 새로 만든 일본어를 흉내내는 것은 이해하기 어렵다.

미국식 호칭

•**미디엄Medium** 밤껍질 색, 연한 밤색. 첫 번째 터짐Cracks의 마무리 단계까지의 볶음. 약간의 산미와 혼탁함이 공존한다.

•**미디엄 하이Medium High** 진한 갈색. 미국의 가장 보편적인 볶기. 두 번째 터짐 직전까지의 볶음. 연한 바디감이 나온다. 산과 몸이 조화를 이루고 투명도도 좋아진다.

•**시티City High** 초콜릿색. 2차 터짐이 시작되어 몇 초 지난

시점. 단단한 몸과 산미가 나타나고 균형도 좋다. 스페셜티 커피에 적합한 볶기.

• **풀 시티Full City** 초콜릿보다 더 어두운 색. 표면에 기름이 맺힌 것이 보이기 시작. 2차 터짐이 한창 진행되는 시점. 충분한 몸, 부드러운 쓴맛, 연한 산도와 풍미가 좋다.

• **다크Dark** 에스프레소French. 다크 초콜릿, 표면이 기름으로 번들거린다. 단단한 몸과 부드러운 쓴맛이 있고 뒷맛은 달다.

• **헤비Heavy** 이탈리안Italian. 다크 초콜릿+, 표면이 번들거린다. 두 번째 터짐이 끝난 시점으로 볶기의 한계. 자극적인 쓴맛이 나타나고 연하게 탄맛과 스모키한 향미가 남는다.

나라(지역) 이름형 호칭

• **뉴잉글랜드New England** 밝은 갈색, 요즘 거의 사용하지 않는다.

• **아메리칸American** 약간 가벼운 갈색, 산도가 높다.

• **비에니스Viennese** 풀 시티, 미디엄 다크 브라운, 바디감이 좋다.

• **프렌치French** 에스프레소, 다크 브라운, 기름이 번들거린다.

• **이탈리안Italian** 베리 다크 브라운, 기름이 많이 번들거린다.

커피콩별 적절한 볶기

강한 볶기가 가능한 콩

강하게 볶으면 커피콩이 가진 본래의 특성을 잃게 되면서 쓴맛이 커피맛 전체를 지배하게 될 위험이 있는 나라의 콩도 있다. 반대로 강하게 볶으면 독특한 향미가 살아나는 좋은 콩도 있다.

대체로 표고가 높은 산지의 것이 더 강한 볶기가 가능하다.

지역적으로는 동아프리카 콩이 중미의 콩보다 강한 로스팅이 가능하다. 수종별로는 버번종이 티피카종보다 더 강한 로스팅이 가능하다.

과테말라 산타카타리나 농장, 탄자니아 블랙번 농장과 표고가 높은 북부지역의 좋은 콩, 콜롬비아 오스왈드 농장, 위라, 카우카, 나리뇨 등 남부 중앙의 일부 지역의 버번종이 강한 볶기에서 견딜 수 있다. 케냐 완고 농장의 SL종, 수마트라 린튼, 아체의 우수한 콩, 케냐의 리에리, 키리냐가, 키안부의 좋은 콩, 코스타리카의 펄프트 내추럴 가공한 것 등이 강한 볶음에도 견딜 수 있는, 검증된 콩이다.

에티오피아 산은 G-1, 2만을 로스팅하는데 프렌치까지 가능하고, 브라질, 케냐, 탄자니아도 마찬가지다. 케냐 콩을 하이High로 볶으면 높은 산도의 케냐 콩의 개성을 망친다는 의

견도 있는가 하면 케냐나 탄자니아의 생두는 프렌치까지 로스팅해도 향미가 흔들리지 않아 볶는 범위가 넓다는 의견이 혼재하고 있다.

브라질의 버번종의 반건조 가공이라면 프렌치 로스팅까지 가능하다. 과테말라의 안티구아를 미디엄으로 볶으면 생두 표면의 주름이 펴지지 않는다.

프렌치 로스팅이 가능한 커피는 두 번째 터짐의 끝까지 견디는 힘이 있어야 하는데 중미산과 카리브해의 해양성 기후에 자라는 콩이 대상이 된다. 멕시코의 일부 콩은 강하게 볶으면 단맛이 나온다.

중간 볶기에 좋은 콩-미디엄에서 시티

대부분의 중미산은 강하게 볶으면 타버려서 쓴맛이 난다.

집에서 볶을 경우는 표면주름이 잘 펴지지 않는 콩보다 부드러운 콩을 사용하는 것이 좋다. 멕시코, 엘살바도르, 콜롬비아의 티피카, 과테말라의 아티투란, 자메이카 등 카리브해의 콩이 부드러워서 홈 로스팅에 좋다.

콩이 무른 편인 티피카종을 강한 프렌치 로스팅하면 쓴 커피가 되기 쉽고, 하와이와 파푸아뉴기니의 티피카종은 하이High에서 시티City까지도 가능하지만 그보다 약한 중간 볶음이 일반적으로 만족도가 높다.

파나마 게이샤종, 엘살바도르의 파카마라종은 하이 로스팅이 한계이고, 그 한계를 넘으면 향미의 특성이 감소한다.

자메이카와 도미니카의 티피카종은 미디엄에서 하이 로스팅까지이고, 엘살바도르나 온두라스의 콩은 시티 로스팅까지 가능하다. 과테말라의 안티구아 콩은 하이로 볶으면 산도와 과일 맛이 유지된다.

하와이의 코나 콩을 강하게 볶는 것은 최고의 맛을 잃게 만들 것이다.

수마트라 콩은 매우 강한 농도를 지니고 산도는 중간보다 약한데, 강하게 볶으면 산도가 없어지며 시럽 같은 묵직한 농도를 보이게 된다.

콜롬비아 커피의 경우, 티피카종과 다른 종의 향미는 차이가 크다. 중미 생두는 동아프리카의 생두보다 연하게 볶아야 제맛이 난다.

커피나무에 따른 볶기

• 티피카Typica

향미가 은은하고, 부드러우며, 깔끔하고 섬세하고 바디감은 중간이다. 프렌치 로스팅까지는 견디기 힘들다.

커피나무의 우수종이다. 수확량이 적다. 발리 식물원에서 마르티니크 섬으로 이식된 묘목의 자손나무이다. 원산지는 동아프리카이다. 콜롬비아가 총생산의 10퍼센트 정도를 차지하고 있는데 세계적으로 점점 줄고 있다.

자메이카, 하와이 코나, 파푸아뉴기니, 동티모르에서 주로 재배되고 일부는 콜롬비아, 쿠바, 도미니카에서 소량 생산된다.

자메이카의 티피카종은 달콤하고 촉감이 부드러운 대신 산미가 약하다. 미디엄 로스팅까지 된다.

하와이 코나는 티피카종 중에서는 비교적 바디감이 있으며 감귤계의 산미가 있고, 맑고 투명하다. 요즘 하와이에서는 다크 로스팅이 늘고 있는데 너무 볶으면 본래의 향미를 잃기 쉽다.

파푸아뉴기니 티피카 향미는 버번종에 가까워진 느낌이다. 시티 로스팅까지라면 화사하고 밝은 산과 몸의 균형을 느낄 수 있다.

동티모르는 비료를 적게 쓰기 때문에 바디가 약하다. 하이 로스팅까지가 한계이다.

콜롬비아의 토레도는 토양이 좋아 깔끔하고, 산뜻한 산과 몸이 있다. 시티 로스팅까지 가능하다.

• 버번Bourbon

대체로 강한 볶음에 견디는 나무이다.

과테말라의 안티구아 지역의 것은 밝은 산미가 있으며 몸도 단단하다. 다크 로스팅이 가능하다.

르완다는 안티구아에 가까워 몸과 산미의 균형이 좋으며 단맛의 여운이 있다. 시티 로스팅이 적당하다.

케냐는 화사하고, 잘 익은 과일 같은 풍성한 산미가 특징이며 몸도 튼튼하다. 개성있는 스페셜티 커피의 대표 주자의 하나로 이름이 높다. 다크 로스팅도 가능하다.

• 카투라Caturra

코스타리카 산지별로 산과 몸의 개성이 달라지는데 좋은 땅의 것은 화사하다. 시티 로스팅이 적당하다.

• 파카마라/게이샤Pacamara/Geisha

파나마의 게이샤와 엘살바도르의 파카마라는 티피카처럼 깨끗한 향미로 입안 감촉이 부드럽다.

하이 로스팅이 한계이다.

갈아 우려내기Grinding & Brewing

집에서 볶아 우려내는 이유는 커피의 진정한 향미를 스스로 만들어 즐기기 위한 것이다. 원두의 요인을 제외하고 자신이 할 수 있는 최대한을 끌어 올리려면 잘 갈고 잘 우려내야 한다. 그런데 생두를 볶아서 갈아 우려내는 최적의 시간이 있다.

• 생두Green Beans의 보존기간 만델링Old Mandheling 같은 특별한 경우와 표고가 높은 산지에서 생산된 생두같이 때로는 몇 년 보관할 수 있는 것도 있지만 대부분의 생두는 약 1년을 상미기간으로 본다.

커피산업은 와인산업에서 많은 것을 배웠고, 지금도 배우고 있다. 품질관리와 표준, 평가와 맛을 보고 표현하는 방식 등 와인에서 배운 것이 많다.

커피 원두의 보존성은 매우 짧다. 생두는 1년쯤 지나면 화학적 변화가 일어난다. 보관상태가 나쁘면 1년 이내에 향미가 현저하게 나빠진다. 보관상태가 좋아도 1년이 지나면 대부분의 산미가 약해지고, 향미도 흐릿해지고 건초냄새가 나기 시작하므로 품질이 나빠진다.

그래서 생산 연도Vintage에 따른 호칭도 반드시 알아 두어야 한다.

뉴 크롭New Crop은 그 해에 수확한 원두를 뜻하는데 대체로 신선하고 맛있다. 가장 신선하니 가치도 높아진다. 보통 커피는 두 해에 걸쳐 생산되므로 14-15라고 표시하면 2014-

2015년에 생산된 커피를 뜻한다. 15-16이 유통되기 전에는 14-15가 뉴 크롭으로 불린다.

커런트 크롭Current Crop은 같은 2014-2015년이라고 해도 다음 번 생두가 입하되기 전까지 현재 유통되는 생두를 말한다. 수확 후 입하되기 전의 짧은 기간의 한시적인 단경기 생두를 뜻하는 셈이다.

패스트 크롭Past Crop은 전년도에 수확한 생두를 뜻한다. 2014-2015가 뉴 크롭이라면 2013-2014의 생두가 패스트 크롭이다.

생두를 언제 볶아야 최고의 향미를 즐길 수 있나?

즉시 커피를 추출할 목적이 아니라면 생두 상태로 보존해야 한다. 일단 볶은 후에는 최대 14일 이내에 소비하는 것이 최고의 향미를 보장한다. 볶기가 끝난 직후 원두에서 이산화탄소가 발생하는데 이를 산소가 호시탐탐 노리고 있다. 열과 빛, 산소가 산패를 촉진한다. 와인이 그렇듯이.

볶은지 이틀이 지나면 풍미의 가장 중요한 곳으로 산소가 침투하기 시작한다. 일주일이 지나면 맛이 위태로워지고, 2주일이 지나면 사실상 중요한 풍미라 할 고상하고 복합적인 향미가 많이 사라진다.

이러한 문제를 해결하기 위해서는 적은 양의 커피를 자주 볶는 것이 좋다. 할 수 있다면 매일 소량씩 볶는 것이 좋다.

• **보관 장소** 생두는 볶기가 끝나는 순간, 습기, 열, 빛, 산소의 작용으로 빠르게 향미가 사라지기 시작하므로 볶은 커피콩의 보관 방법과 장소도 매우 중요하다. 습기가 적고, 그늘지고, 온도가 서늘한 곳에 금속이나 유리로 공기를 차단한 상태로 보관해야 산패를 지연시킬 수 있다. 통에 넣기 전 하루 정도를 숙성시키는 것이 가스 압력을 완화시킨다는 점에서 좋다고 한다.

• **냉장고와 냉동고 보관의 논란** 냉장고는 식품의 냄새와 습도의 영향으로 커피를 보관하는 장소로 바람직하지 않다. 냄새와 습기를 강력히 흡수하는 커피의 속성과 냉장고는 상극이라고 한다. 냉장고의 습기와 잡맛이 커피의 풍미와 섞여 향미를 죽인다.

그런데 냉동고에 대한 의견은 갈라진다. 커피계의 찬반 논쟁은 오래된 것이다. 실제 이 분야의 세계적인 전문가 두 사람이 전혀 다른 견해를 가졌다.

한 명은 분쇄되지 않은 원두의 보관 장소로 냉동실이 완벽하다고 주장하는데 반해, 다른 한 명은 원두의 풍미를 파괴한다고 주장한다.

볶은지 일주일이 지났는데도 마실 기회가 없어 여전히 볶은 원두가 많이 남아있을 경우 어떻게 하는 것이 좋을까?

더운 곳보다는 차라리 냉동실에 보관하는 것이 좋다는 것이 설득력 있다. 그대신 잘게 분할하여 지퍼 달린 팩에 넣어 가능한 한 산소를 쥐어 짜서 공간을 좁게 만든다.

냉동고에서 꺼낸 원두는 냉장고에서 하루 정도 서서히 풀어서 다음날 사용하는 것이 좋다. 단, 한 번 온도가 풀린 원두는 냉동고에 다시 넣지 않는 것이 좋다고 한다. 볶은 원두는 마시기 직전에 가는 것이 제일 좋은데, 한 번 갈아낸 것은 아무리 늦어도 하루 이내에 마시는 것이 좋다.

최고의 콩으로

커피 재배의 이상적 환경

좋은 커피 수확을 위한 생장조건은 연평균 22도의 고온과 고지대에서 적합하다. 에티오피아의 고원이 그러한 좋은 조건을 가진 전형적인 예라고 볼 수 있다.

하루 종일 직사광선이 닿지 않는 동쪽의 산기슭 완만한 경사지가 좋다. 그래서 셰이드 트리Shade Tree나 구름이 일정시간 직사광선을 차단하는 지역이 좋다.

• **강수량** 연간 1500-2500밀리미터가 필요하다. 자라는 시기에 물이 부족하면 수확량이 크게 떨어진다. 그래서 아프리카의 커피 생산량의 진폭이 크다.

• **우기와 건기** 번갈아 있는 것이 좋다. 건기가 끝나고 꽃을 부르는 소나기Blossom shower가 있는 곳은 일제히 소나기 후 꽃

이 피고 이로부터 7개월 후 수확을 한다.

• **표고** 중미, 콜롬비아, 동아프리카와 같이 표고 1000-2000미터 정도의 높은 곳이 커피 재배에 적합하다.

• **토양** 화산재가 풍화된 약산성의 토양이 경작성, 배수성이 좋다. 토지가 비옥할 필요는 없다.

좋은 품종이란 어떤 것인가?

커피콩의 종류는 큰 분류로 아라비카와 로부스타로 나뉘는데 소위 스페셜티 커피는 아라비카에서 나온다.

로부스타는 수퍼마켓과 저렴한 식당에서 쓰는 값싼 브랜드에 주로 사용된다. 에스프레소의 블렌딩시에 바디감과 달콤함을 강화시키기 위해서 사용하기도 한다.

로부스타 다음 저급 커피는 브라질의 낮은 고도에서 생산되는 아라비카종이다. 손으로 따지 않고 기계로 털어낸다. 이 커피들은 로부스터종과 함께 미리 갈아서 판매하는 팩과 커피믹스에 사용된다.

물론 브라질산도 마일드 혹은 하이 그론 마일드라는 이름의 양질의 커피도 재배되고 판매된다.

아라비카 중에서도 높은 곳에서 자란 콩이 더 느리게 성숙하며 신맛이 강하고, 복합적인 성질을 보이므로 보다 높이 평가된다.

과테말라나 코스타리카의 커피는 스트릭틀리 하드 빈Strictly Hard Bean(SHB) 이라고 최고 등급을 표시하는데, 이는 더 높은 고도에서 재배된, 보다 단단한 콩이라는 뜻이다.

자메이카의 블루마운틴 지역은 온난한 기후이지만, 두터운 구름이 도와준다.

유기농을 하면서 공정무역 자격이 인증된 농장이 많은 곳으로는 페루, 멕시코, 니카라과, 중앙 아메리카 지역 등이 있다. 케냐는 거의 소규모의 소작농이 조직한 조합에 의해 생산되므로 마이크로 랏Micro Lot이나 공정무역 자격 인정도 받고 있지 못하다.

예멘이나 에티오피아의 하랄 원산지 커피는 많은 화학약품이 알려지지 않은 형태로 사용되고 있다.

아라비카 중에서 가장 유명한 품종은 티피카종과 버번종이고 최근의 수퍼스타는 게이샤이다. 에티오피아, 라틴 아메리카의 블루마운틴, 수마트라에서 재배되는 오래되고 우수한 품종이 사랑받는다.

변종 중에서 두드러진 것으로는 마라고지페, 문도노보, 카투아이 등이 있는데 카투아이는 전통적인 품종보다 더 복잡하고 완성도가 높은 것으로 평가하는 사람도 있다.

동아프리카에서 재배되는 케냐의 SL 28 종도 훌륭한 맛으로 사랑받고 있다.

현재 하와이의 연구소에서는 열매가 동시에 익어서 동시 수확이 가능한 종자, 카페인이 없는 종자 등을 연구하고 있는데 상용화 직전이라고 한다.

나라별, 농장별 최고의 커피콩

파나마의 하시엔다 에스메랄다 농장은 게이샤, 베르리나 농장은 티피카를 많이 재배한다. 에티오피아 이르가체프의 좋은 농장(이디드 농장 등), 과테말라 안티구아의 산타 카타리나 농장은 버번종으로 화사한 산미와 바디의 균형이 좋다. 산호세 오카냐 농장, 메디나 농장, 카르모나 농장은 바디감이 좋다.

탄자니아 블랙번 농장의 확실한 바디감, 표고 높은 콩과 탄자니아 농협 케냐산은 진한 과일향과 와인 같은 풍미가 있으며 개성이 강하다. 다양한 산미를 가지고 있다. 기티투 농협은 달콤한 산미와 과일의 느낌. 완고의 SL-28 습식. 니에리, 키리냐가, 키안부, 정글 농장, 소크피나프 농장도 이름 있다.

수마트라 린튼 아체의 만델링은 허브, 과일향 등 복잡한 향미, 부드러운 감촉과 충분한 바디감이 있다. 그런데 프렌치 로스팅하면 산미가 약해진다. 파푸아뉴기니는 화사하고 산뜻한 산미가 있다. 지그리, 티피카 습식, 코스타리카 반건식은 몸이 단단하다. 라피라의 카투라, 르완다의 카렌게라, 버번, 습식, 브라질의 마카우바 데시마 농장, 놋사뇨라 드카르모 농장, 다테아 농장, 콜롬비아 오스왈드 농장의 버번, 습식, 남부 일부 지역의 콩(위라, 카우카, 나리뇨), 톨레도 농장은 티피카종으로 연한 산미와 잔잔한 감촉이 느껴진다.

엘살바도르의 시베리아 농장, 엘카르멘 농장, 자메이카 블루마운틴의 중앙부의 클라이스델 지역.

동티모르의 레테포호 지역. 표고 1600미터.

파푸아뉴기니의 시그리농장, 부능우 농장.

하와이의 그린웰 농장, 카아나파리 농장. 가격이 유난히 비싼 콩도 있으나, 그 내재 가치와 가격 간에는 간격이 있다.

파나마 에스메랄다 농장의 게이샤종은 과일과 같이 향긋한 향미, 식어도 주스 같은 향미를 자랑하는 새로운 수퍼스타이다. 컵 오브 엑설런스Cup of Excellence라는 대회에 나가서 수상을 받은 콩.

마이크로 랏이라는 표시가 있는 농장 내 특별구역에서 기른 콩 등이 비싼 콩이다.

자메이카의 블루마운틴과 하와이의 코나는 비싸기로 유명하다.

갈아내기Grinding

커피를 우려내려면 원두를 갈아서 입자를 잘게 만들어야 한다.

이때 갈아낸 가루 입자의 크기는 크게 나누어 좀 크고 거칠게 갈아낸 Coarse, 중간 크기로 갈아낸 Medium, 잘게 갈아낸 Fine, 가장 잘게 갈아낸 Extra(Super) Fine으로 나눌 수 있다.

Coarse는 보통 가정용 설탕가루보다 꽤 굵은데 프렌치 프레스 추출에 적합하다. Medium은 설탕가루보다 좀 굵은데, 필터 푸어 오버, 사이폰, 커피메이커용으로 좋다. Fine은 설탕가루 정도의 크기인데 찬물 추출 혹은 아이스 커피에 좋다. Super Fine은 밀가루 정도인데 에스프레소나 터키식 이브릭Ibrik 커피에 좋다.

잘게 갈아낸 커피는 여과 필터 통과 시간이 길어지면서 짙고, 쓴맛이 나오기 쉽고, 너무 입자가 굵으면 뜨거운 물이 빠르게 통과하여 엷고 신맛이 강해질 수 있다.

추출 방식과 도구에 따라 볶는 정도는 물론 갈아내는 입자의 크기도 조절해야 커피 본래의 특징을 살릴 수 있다.

우려내기Brewing

커피와 물의 관계

커피 한 잔에는 물이 대략 98-99퍼센트 함유된다.

칼슘과 무기질이 많아 금속 맛이 감지되는 경수hard water가 있는데 이러한 물을 사용하면 같은 양의 커피를 사용하여 추출했을 때 약한 맛을 띤다고 알려져 있다. 반대로 연수Soft water를 사용하면 같은 양의 커피를 사용해도 진한 커피가 추출된다고 한다.

칼슘과 무기질뿐만이 아니고, 산성-알칼리의 정도가 커피 맛에는 가장 큰 영향을 준다고 한다. 알칼리성의 물은 진한 커피를 내릴 경우 둔탁하고 흐릿한 맛을 낸다고 한다.

좋은 커피를 위해서는 산성도 알칼리성도 아닌 무색무취한 pH 7.1 정도의 지표로 나타나는 중성의 물이 이상적이라고 한다.

Total Dissolved Solids(총 용존 고형물, TDS)의 지표로는 100tds 이하가 좋다.

한국의 수돗물은 어떨까?

대체로 연수계열에다 산성도는 중립에 가깝다.

경우에 따라서는 염소의 잔류량이 느껴진다든지, 수도관의 녹슨 철분이 느껴지는 경우가 아니라면 커피를 내리는 물로

무리가 없다. 어떤 전문가는 여름 장마 후의 수돗물은 다소 맛이 나빠진다고 주장한다. 의심스러운 특별한 경우에는 필터로 걸러낸 물을 사용하면 되거나 끓여서 사용해도 된다.

집에서 소량 내려 마시는 용도로 시중에서 판매하는 국산 샘물을 사용하면 크게 무리가 없다고 알려져 있다.

커피를 볶으면 많은 탄산가스가 발생하여 천천히 밖으로 배출된다. 처음 며칠간은 빠르게 배출되고, 그 다음부터는 천천히 배출된다. 많은 탄산가스가 콩 안에 남아있으면 커피의 추출이 잘 이루어지지 않고 볶은지 14일 정도 넘어가면 산패로 인해 향미 손실이 크다고 알려져 있다. 그래서 많은 전문가들은 볶은지 4일에서 길어도 8일 사이에 추출하는 것이 가장 향미가 뛰어나다고 말한다.

추출은 4가지 요인에 지배를 받는다고 한다.

첫째 온도. 추출하는 물의 온도가 낮으면 특정한 향미를 뽑아내지 못하고 너무 높으면 쓴맛과 같이 좋지 않은 향미가 나타난다. 이상적인 온도는 90도에서 96도의 범위인데 이는 끓다가 가라앉아 잠깐의 시간이 지난 직후의 온도이다. 주전자에 옮기는 순간 온도가 내려간다.

둘째 추출 시간. 맛있는 커피를 추출하려면 적절한 커피의 볶기와 가루의 굵기에 따라 추출시간도 적절해야 커피 본래의 향미를 얻을 수 있다.

셋째 커피 입자의 굵기. 어떠한 추출 방법을 쓰느냐에 따라 입자의 크기를 조절해야 한다. 에스프레소는 가는 커피입자를 20-30초라는 최단시간 사이에 강한 압력으로 추출한다.

넷째 추출 비율Brew Ratio. 1 : 15 비율이 좋다고 주장하는 사람이 있는가 하면, 커피 2 테이블 스푼에 정수된 물 6온스가 표준이라고 주장하는 사람도 있다. 14g : 180g = 1:13이라는 공식이다.

추출 방식에 따라 크게 3가지로 나눌 수 있다.

첫째, 복잡한 기계로 강력한 압력을 사용하여 뽑아내는 에스프레소, 둘째, 커피가루 위로 뜨거운 물을 부어 필터로 걸러내는 필터 추출(혹은 Pour-over)방식, 셋째, 프렌치 프레스 같이 커피가루와 뜨거운 물을 통속에 한꺼번에 섞어 넣어 커피를 녹여내는 커피가 있다.

필터식

대체로 미디엄에서 시티까지의 볶기에, 가루의 크기는 중간에서 작은 크기, 물의 온도는 88-95도 정도로, 소량 커피가루에 뿌려 약 30초 뜸을 들인 후, 물을 붓는데, 처음 우려져 나오는 몇 방울 안에 그 커피 특유의 에센스가 용해되어 떨어진다. 사람마다 추출시간과 물의 양이 달라 커피의 향미가 조금씩 달라진다.

• **볶기** 크게 나누면 미디엄, 미디엄 하이, 다크 로스팅이 있고, 더 세분하면 9-10가지 정도로 세분화할 수도 있다. 커피의 볶는 정도는 커피콩이 가진 그 원산지와 커피콩 종류의 생래적인 개성에 따라 짙게 볶을 수 있는 것이 있는가 하면 불가능한 것이 있다.

산지나 커피콩의 종류에 관계없이 푸어 오버(필터 추출)는 다크 로스팅까지 넘어가지 않고 미디엄 전후를 사용하는 것이 현재의 대세이다. 예전보다 약하게 볶는 것이 제3의 물결의 뚜렷한 경향이다.

볶은 원두 향미의 최절정은 언제인가? 볶아서 최고조의 숙성에 이르는 기간은 약한 볶음, 중간 볶음, 강한 볶음 모두 3-7일째이다. 산패가 시작되는 시간은 중간 볶음과 강한 볶음이 대략 8일차부터 온다. 약한 볶음은 9일차부터 온다고 본다. 약간의 시차를 두고 약하게 볶은 원두가 절정기를 늦게 맞이한다.

• **갈아내기** 볶은 커피를 수동 혹은 전동 기계로 적절한 크기로 갈아서 추출을 하게 된다. 어느 경우에도 추출 직전에 커피를 갈아내는 것이 커피의 신선한 향미를 뽑아내기 좋기 때문에 미리 갈아두지 않는다. 어떤 전문가는 약 2일 후가 좋다고 주장한다.

• **필터 추출 도구** 추출시에 사용하는 필터와 필터 받침, 그릇

별 성격이 다소 다르지만 대체로 종이 필터에 하리오Hario와 칼리타Kalita 혹은 코노Kono 회사가 만든 단순한 추출 통과를 위한 여과 장치의 차이점이 아주 크지는 않으므로 설명은 생략한다.

• **온도** 끓인 물의 적당한 온도는 최고온도가 96도, 즉 끓다가 거품이 사라진 직후의 온도로부터 90도 사이에서 짧은 시간 안에 추출하는 것이 적당하다고 한다. 단, 에어로 프레스 추출은 84도 전후로 좀 낮다. 커피를 받아내는 그릇과 커피잔도 미리 따뜻하게 데워두지 않으면 커피의 이상적인 향미를 지키기 힘들다고 본다. 온도 조절은 커피의 핵심조건이다.

• **추출시간** 1-2인용의 커피라면 2-3분 이내, 3-4인용이라면 3-4분 이내에 추출하는 것이 적정온도 유지와 커피 성분 추출의 이상적인 시간으로 알려져 있다.

• **뜸 들이기(Saturation, Steep)** 커피 내리기의 시작은 커피가루와 뜨거운 물의 촉촉한 결합을 통한 커피성분의 Soften 과정, 즉, 뜸 들이기가 필수이다. 밥은 다 짓고 뜸을 들이지만, 커피는 처음에 뜸을 들여 커피의 성분을 흔들어 털어낼 준비를 한다.

• **뜨거운 물 붓기(추출)** 뜸 들이는 시간인 약 25-30초가 지나면 본격 추출을 위한 물 붓기(Pour-Over)가 시작되는데 대체로 4-6회 정도로 나누어 뜨거운 물을 필터에 담겨있는 커피가루 위에 천천히 부어 내리게 한다. 동양식은 천천히 가늘게, 미국식

은 굵게 부어 내린다.

•**추출 시간별 향미의 변화** 처음에는 강한 커피 성분이 담긴 진한 커피물이 내려지고, 횟수가 반복될수록 엷은 커피가 내려진다. 지나치게 엷어지지 않은 상태에서 물 붓기를 중지해야 쓴맛과 잡스런 맛이 좋은 커피와 뒤섞이지 않게 된다.

단맛과 신맛은 추출 초기에 나오게 되고, 쓴맛과 잡맛은 나중에 추출된다. 그래서 적절한 시기에 물 내리기를 중단해야 한다.

•**커피 대 물의 표준 비율** 필터 추출의 커피 대 추출된 커피물의 표준 비율은 1 : 15이다. 따라서 커피 10g이면 물은 150cc가 적당하다.

1인분은 커피가루 10-15g, 실제 커피 120cc, 시간은 2분,

2인분은 20-25g, 240, 3분.

3인분은 30-35g, 360, 4분.

개인의 기호에 따라서는 물의 양이나 커피가루의 무게를 약간 증감시킬 수 있다. 1인분에 150cc 전후의 커피가 보통의 스페셜티 커피잔의 크기가 되는 듯하다.

커피잔 수에 정비례한 커피가루 투입은 향미가 너무 진해질 수 있다. 잔의 숫자가 늘어나면 커피가루는 적절히 감량하는 것이 자연스럽다.

또한 같은 분량의 가루를 사용해도 길게 추출하면 짙어지

고, 짧게 하면 엷어진다.

프렌치 프레스의 경우, 커피 분량을 많이 하고, 추출시간도 길게 해야 균형이 잡힌다. 2인분이라면 약 30g, 3-4분, 240cc가 추출 요령이다.

'적절' 한 양을 제대로 측정하여 내리기 위해 온도계와 저울이 필요하다

❶ 필터/푸어 오버Pour-over식

깔끔한 커피 향미를 즐기려면 이 추출 방식이 최고이다.

멜리타나 하리오의 고깔 통과 방식이든, 케멕스의 유리병이든 같은 원리를 이용하여 커피를 뽑아낸다.

커피가루를 고깔형의 필터에 얹고, 그 위에 뜨거운 물을 천천히 부으면 커피물이 아래에 받혀진 그릇으로 떨어진다. 부드럽고 신비로운 맛을 가지며 가벼운 몸체의 개성있는 커피를 얻을 수 있다.

이러한 방식은 새로운 것은 아니지만 2000년 후반에 들어와 소비자들의 주목을 받게 되었다. 커피 전문점에서 이 방식의 추출만을 위한 바리스타가 있을 정도의 비중을 가지게 되었다. 특히 일본의 하리오 V60에 힘입어 탄력을 받았으며, 미국세 케멕스에 의해 더 가속이 되었다고 볼 수 있다.

이외에도 비 하우스Bee House, 본맥Bonmac, 코노Kono, 칼리타Kalita 등의 일본제 추출도구가 있다.

• **케멕스Chemex** 기술적으로 커다란 한 개의 몸체로 만들어진 수동식 부어 내리기 필터방식이다. 중간에서 굵은 커피가루를 커다란 필터에 얹어 놓고 그 위에 뜨거운 물을 붓는다. 45초 뜸 들이고 그후 약 4분간에 걸쳐 50g의 커피 위에 750cc의 물을 붓는다. 5-6인분의 향기로운 커피 추출에 좋은 방식이다.

• **뜨겁게 우려 얼음에 붓는 커피Hot brewed Cold brew** 'Japanese iced coffee'라고 불리는 여름날의 새로운 트렌드인데 뜨거운 커피를 얼음 위에 부어 만든다. 보통 푸어 오버 물의 50퍼센트만 사용한다. 보통은 푸어 오버 방식으로 만드는데 필터를 통과시키거나 얼음 위에 붓기 전에 충분히 뜨거운 물과 커피가루가 접촉되게 하여 향미를 살리는 노력을 한다. 이 방식은 찬물 추출Cold Brew 방식의 맛이 단순하므로 커피의 향미를 더 즐기려는 사람들이 선호한다.

• **찬물 추출Cold Brew** 60g 커피에 500cc의 차가운 물 비율이다. 커피가루는 중간 굵기. 낮은 산도의 커피가 얻어진다. 2010년대 초, 찬물 추출 커피를 얼음 채운 플라스틱 컵에 넣어 다니는 모습은 여름 트렌드의 하나였는데, 만드는데 시간이 걸린다. 5시간에서 24시간이나 걸려 필터를 통과하여 떨어지는 커피는 농축도가 높다. 대략 1분에 2방울의 농축액이 커피 받는 그릇에 떨어진다. 이 농축된 커피는 냉장고에 보관하고

있다가 조금씩 차가운 물과 섞어 마신다. 부드럽고 매끄럽기에 설탕이나 우유가 필요 없을 정도이다. 프렌치 프레스 도구를 이용하여 만들어낼 수도 있다. 한국에서는 더치커피라고 부른다.

❷ 클로버the Clover

한 그룹의 스탠포드 엔지니어가 2007년 프렌치 프레스와 사이폰의 장점을 가진 커피를 한 자동화 장치로 만들었는데 이 장치 값이 무려 11,000달러나 되었다.

시카고의 인텔리젠시아와 포틀랜드의 스텀프 타운도 몇 개씩 이 기계를 샀고, 뉴욕의 카페 그룹피, 시애틀의 카페 비타도 샀다. 그러자 그 다음해인 2008년에 스타벅스가 전략적으로 이 회사의 장치 기술을 몽땅 사버리는 바람에 대중화되지 못했다. 일부 스타벅스 점포에서 볼 수 있다.

❸ 사이폰Siphon

증기압을 이용한 우려내기 방식으로 반복적으로 같은 향미를 재현한다. 1830년대 독일에서 처음 개발되었고 1840년대에는 프랑스에서도 개발되었으며 1900년대 초에는 미국에서도 인기가 있었는데 2000년대 후반에 일본식 커피집에서 다시 인기가 되살아났다. 보기에 고전적이고 아름답다.

❹ 새로운 추출 연구

최근에 다시 제3의 물결에 걸맞는 새롭고 뛰어난 기계가 나타날 것 같다. 인간의 한계에 도전할 정밀한 로봇을 커피계의 괴짜들이 연구하고 있다.

그중의 하나가 스팀펑크Steampunk라고 하는데 유타 주의 알파 도민체Alpha Dominche라는 회사가 쇠와 유리를 조합하여 만들었다. 이것은 사람이 만드는 정밀도를 넘어서는 컴퓨터화한 사이폰이라고 할 수 있다. 한꺼번에 여러 잔도 만들 수 있고 기계의 모양도 아주 멋있다.

뿐만 아니라 BKON Craft Brewer, Blossom One Brewer, the Modbar와 같은 개발 초기의 새로운 추출 장치들이 줄줄이 대기하고 있다. 집에서도 좋은 커피를 즐길 수 있는 다양하고 흥미로운 방법이 많이 생겨나고 있다.

전문가의 추출 노하우

볶기와 추출 향미의 관계

•**약볶음** 시큼한 맛, 과일향, 꽃향, 허브향이 살아나고, 아린 맛, 단맛, 떫은맛이 나오며, 중간 볶음은 꿀향과 텁텁한 맛이 나온다고 본다.

•**강볶음** 초콜릿, 스파이시한 향미에 탄맛이 나온다. 커피 기름은 중간 볶음에서 나타나기 시작하여 강볶음 전반부에 끝난다. 봉오리Bloom는 약볶음일수록 높이 부풀어 오르고 강볶음은 거의 변화가 없다.

•추출 단계별 향미 변화 1차 추출에서 신맛과 진한 맛, 귤향, 너츠, 캐러멜, 초콜릿향이 나오고, 2차에서는 신맛, 단맛, 중간 맛과 단향(캔디, 버터, 꿀향)이 나오고, 3차에서는 단맛, 짠맛, 약한 맛과 짠향, 탁한 향이 나오고, 4차에서는 짠맛, 쓴맛, 흐린 맛과 쓴향과 탁한 향이 나오고, 5차에서는 쓴맛, 떫은맛, 텁텁한 맛, 탁한 맛이 나온다고 보인다.

1-2차 추출시는 긍정적인 맛과 향이 나오고, 3차부터는 단맛과 향기는 강화되지만 신맛이 줄고, 농도도 흐려지고 짠맛이 나오기 시작한다고 본다. 긍정과 부정의 혼합이다. 4차부터는 단맛의 상승을 제외하고는 대체로 맛의 희석 또는 부정적 영향이 큰 것으로 보인다.

•볶음과 추출 온도와의 상관관계 약하게 볶은 콩은 신맛과 단맛이 강한데 입자조직이 단단하여 90도 이상의 온도로 추출해야 한다.

중간 볶음은 신맛, 단맛, 짠맛, 쓴맛이 섞여있어 86도 전후의 온도에서 짠맛과 쓴맛을 낮추고 신맛, 단맛의 조화를 이룬다.

강하게 볶은 콩은 쓴맛을 많이 가지고 있으며 조직도 무르게 되어 82도 정도로 추출하는 것이 좋다. 쓴맛과 짠맛을 낮추고, 초콜릿 같은 단맛을 끌어내야 한다.

❶ 필터/푸어 오버Filter/Pour-over

•제임스 호프만James Hoffman 종이 필터 추출은 1908년 독일의 멜리타Melita 벤츠가 개발한 것이다. 비율은 1 : 17을 추천한다. 가루는 아주 고운 것에서 중간 크기까지.

물이 끓고 10초 후 가루 무게의 2배 정도의 물을 커피 위에 부어 뜸을 들인다. 시간은 30초, 그리고 나머지 물을 계속 붓는다. 경우에 따라선 물과 커피가루의 혼입 상태에서 휘저어도 좋다.

•루스 브라운Ruth Brown 커피 21g에 물 315cc, 중간 크기에서 곱게 간 가루. 90-96도.

뜸 30초간 부드럽게 커피와 뜨거운 약간의 물이 섞인 곳을 휘저은 후, 물 붓기를 총 3분간에 마치도록 한다.

•애니트 몰드바Anette Moldvaer 30g을 500cc의 물, 가루는 중간 굵기, 90-94도를 추천하고, 뜸은 30-45초간 부풀어 오른 커피 봉우리가 살짝 가라앉을 때까지. 총 추출시간은 3-4분.

•호리구치 토시히데 13g의 커피에 120cc의 물, 90-95도로 뜸은 30-40초, 물 붓기는 마지막 커피 봉우리가 꺼지면 중단.

•타구치 마모루 10g /165cc, 18g /330cc, 25g/500cc의 비율을 추천하며, 이례적으로 온도는 77-88도, 뜸시간은 20-30초, 물 붓기 횟수는 10g시는 4회, 18g시는 7회, 25g시는 9회를 추천.

•도형수 20g에 300cc, 중간이나 그보다 가는 가루. 30초 뜸,

88-96도, 2-3회에 걸쳐 추출. 낮은 온도에서 신맛이 추출, 높은 온도에서 단맛과 쓴맛, 바디감이 추출된다.

• **권대옥** 가볍게 볶은 콩은 90도, 중간은 85-87도, 다크 로스팅은 80-83도 추출하는 것을 추천한다.

❷ 에어로 프레스Aero Press

2005년 알랜 아들러Alan Adler가 개발했는데 다양한 향미를 조절하여 만들어 마실 수 있다. 커피가루, 추출시간, 배합 비율을 조절하면 된다.

이 방식으로 추출하면 결Texture이 다른 것에 비하여 10배쯤 부드러워진다는 평가가 있을 정도이다. 향미는 부드럽고 몸이 균형이 잘 잡힌 것을 느낄 수 있다.

또한 에어로 프레스는 여행자를 위한 최고의 추출기구다. 여행 중 자신만의 추출도구를 가지고 있다는 것은 여행의 또 다른 즐거움의 하나이다. 에어로 프레스에 금속 필터 정도라면 여행가방의 틈새에 가볍게 넣을 수 있다. 거기에 경량 수동 분쇄기를 가지고 있다면 여행지의 원두를 갈아 맛볼 수 있어 금상첨화다.

다른 여행자들이 맛 없는 커피를 마시고 있을 때 당신은 여행지의 아침을 격조있게 보낼 수 있다. 이 추출도구는 추출의 폭도 넓으니 개인별 취향에 따라 다양한 레시피를 실험해볼 수 있다.

커피가루 굵기, 추출시간, 온도, 필터, 커피와 물의 비율의 변화를 다르게 해볼 수 있다. 강한 향미를 즐길 수 있고 우려내는 방법도 놀랄 정도로 단순하다.

우선 종이 필터를 캡에 부착하여 큰 실린더cylinder 본체에 돌려 붙인다. 그리고 커피물을 받을 큰 컵or carafe 위에 놓고 모든 부착된 장치를 저울 위에 올려놓는다.

중간 정도에서 그보다 가늘게 갈아낸 커피가루 17g을 통 속에 넣고 250cc의 물을 붓고 휘저은 다음 약 30초간 가라앉힌다.

작은 고무 패킹 달린 작은 플런저Plunger를 큰 실린더 속으로 천천히 밀어 내린다. 언제까지? 피익하고 바람이 빠지는 소리가 날 때까지다. 밀어 내리는 시간은 대략 30-60초인데 내려진 커피를 그대로 마시거나, 약간의 따뜻한 물을 더 부어 마신다. 최단시간에 최고의 커피를 내릴 수 있다.

세척도 아주 간단하다. 쓰레기통 위에서 필터가 붙은 캡을 돌려뺀 다음 플런저를 빠르게 밀어 내리면 커피 압착 찌꺼기가 떨어지고 그 다음, 물로 한번 씻어내면 청소는 끝이다.

도구의 크기가 정해져 있어 한 번에 1-2인분 추출하는 방식이다.

전문가의 에어로 프레스 추출

• **제임스 호프만James Hoffman** 기본적으로 1 : 13의 비율이 좋

다. 거품이 가라앉은지 10-20초 지나고 나서 커피가루 위에 물을 붓는다. 즉시 휘저은 후, 플런저를 덮어 진공상태를 만들면 커피물이 아래로 빠지지 않는다. 그로부터 1분 후 플런저를 30-60초간 밀어 내린다.

진한 커피를 마시려면 비율 1:10. 빠른 속도로 진하게 하려면 잘게 간 가루를 쓰라. 굵은 가루로 보통 커피를 마시려면 추출 시간을 길게 하면 된다.

• **루스 브라운Ruth Brown** 17g의 작은 것에서 중간 굵기의 가루에 250cc의 끓는 물, 30초간 휘젓고 그 다음 30-40초간 천천히 눌러 내린다.

• **애니트 몰드바Anette Moldvaer** 12g의 중간에서 큰 가루에 200cc의 뜨거운 물, 30-60초간 두 번에 걸쳐 휘젓는다. 플런저를 추출 본체에 2센티미터 정도 넣어 진공을 만들어 밀어 내린다.

• **에어로 프레스 회사의 매뉴얼** 가루는 잘게 간 것 추천. 중간에서 다크 로스팅한 것은 물 온도 80도, 가볍게 볶은 것은 85도. 커피가루를 대략 17-20g을 넣고 2번 눈금까지 물을 붓고 10초 동안 휘저은 후 물을 240cc(8온스)까지 넣어 20-60초간 밀어 내린다.

❸ 프렌치 프레스French Press

이 방식으로 추출하면 커피의 향미를 풍성하게 해주는 기름과 미세한 커피의 복합적인 성분이 뒤섞여 풍미가 짙어진다. 어떤 사람은 에스프레소가 가진 풍미에 접근될 정도라고 평가하기도 한다.

1인 기준으로 테이블 스푼 2개(약 14g)로 90-95도의 뜨거운 물을 220cc를 넣어 추출한다. 우선 커피가루를 추출기 본체에 넣고 가볍게 흔들어 평평하게 만들고, 뜨거운 물을 조금 부어 가볍게 흔들어 섞어준 후 커피의 중심에 물을 천천히 붓는다.

커피의 성분과 뜨거운 물이 섞이며 중력에 의하여 적절량의 커피가 추출되어 가라앉는다. 3분을 기다린 후 누르면, 가벼운 향미, 4분을 기다려 누르면 진한 향미를 느낄 수 있다고 알려져 있다.

전문가의 프렌치 프레스 추출

• **제임스 호프만James Hoffman** 표준 비율 1 : 13. 가루는 중간에서 아주 잘게 간 것까지. 커피가루와 뜨거운 물을 적정 비율로 추출기에 섞어 넣고 4분 기다린다. 떠오른 커피 부유물을 스푼으로 흔들어 가라앉히고 그래도 남은 것은 퍼내어 제거한다. 다시 5분 기다린 후 플런저를 천천히 내려서 90퍼센트 정도의 커피만 덜어 마신다. 10퍼센트는 찌꺼기와 섞여 향미가 좋지 않다.

• **루스 브라운Ruth Brown** 20g의 굵은 가루, 300cc의 뜨거운 물, 93도 전후, 30초간 뜸 들이고 4분 안에 추출한다.

• **루카 빈센조Luca Vincenzo** 30g의 커피, 180cc의 뜨거운 물, 93도 전후, 60g 투입하여 20-30초간 뜸 들이고, 나머지 120cc의 물로 3분 30초 안에 뜸 들이고 우려낸다.

• **애니트 몰드바Anette Moldvaer** 중간에서 굵은 가루까지의 커피를 30g, 물 500cc, 92도 전후, 1-2회 휘젓고, 4분 정도 기다렸다가 부유물을 건져내고 밀어 내린 후 2분 기다렸다가 마신다.

• **호리구치 도시히데Horiguchi Toshihide** 중간에서 굵은 크기의 가루를 25g, 300cc의 물 93도 전후, 물 적당량 넣고 뜸 들이고, 3-4분 안에 우려낸다.

• **도형수** 17g의 굵은 가루를 220cc의 물, 96도, 1분 30초 뜸 들이고 플런저를 반쯤 눌러 내린 채 1분 30초 기다리고 다시 완전히 내린 채 1분간 기다린다. 총 4분 안에 추출한다.

• **테라로사** 커피 20g, 물 300cc, 온도 92-94도, 시간 4분, 비교적 오래 우려내기 때문에 가루를 굵게coarse 갈아쓴다. 커피 가루 위에 물을 붓고 1분 지나서 3-4회 저어준다. 아니면 처음에 물을 소량 부어 뜸을 들인 후 나머지 물을 추가한다. 4분 지나면 천천히 필터를 누르되 90퍼센트까지만 누른다. 깨끗한 향미를 위해서는 마실 때도 조금 남기는 편이 좋다.

에스프레소

9기압의 압력으로 약 90도의 뜨거운 물로 짧은 시간에 추출한다.

순수파를 자처하는 사람들은 딱 7g의 커피로 30cc(1온스)의 에스프레소를 뽑아야 한다고 주장한다. 그러나 보통 싱글 샷이란 7-10g의 커피가루로 20-25초 사이에 추출한 30-45cc 한 잔의 커피를 말하고, 더블 샷이란 약 14g의 커피를 20-25초 사이에 추출한 60-75cc 한 잔의 커피를 말하는데 최근에는 싱글 8-10g, 더블 16-20g으로 늘어난 경향이 있다.

드미타스Demitasse라는 작은 컵은 전통적인 에스프레소를 마시는 잔으로 두꺼울수록 따뜻한 온도를 잘 보존하며 약 3온스(90ml) 정도 크기다.

좋은 에스프레소는 표면에 엷은 갈색층의 크레마라는 2-4밀리미터의 거품 층이 생긴다. 부드럽고 깊은 초콜릿이나 달콤한 산미를 느낄 수 있어야 달고 풍성하고 강한 향기와 향미를 가진다. 완벽한 에스프레소는 다른 첨가물 없이 스트레이트로 즐길 수 있어야 하고, 우유의 진한 맛에도 지지 않아야 한다. 뿐만 아니라 마신 후 향기롭고 즐거운 여운이 몇 분간 지속되어야 한다.

기계의 중요성

제 아무리 좋은 원두와 기술을 가졌어도 기계가 나쁘면 안

되는 것이 에스프레소 커피의 특징이다. 우수한 자동 기계는 균질의 아주 좋은 품질의 에스프레소를 만들어준다. 그 대신 값이 비싸다. 대체로 업소용이다.

반자동 기계는 집에서 사용하는 것으로 인기가 있고 값이 합리적이다. 이 기계는 원두를 갈아주지 않는 점이 완전 자동과 다르다. 청소도 사람이 해야 한다. 물을 끓이려고 보일러를 사용한다.

수동 기계는 피스톤 스타일이라고도 말한다. 이것은 정말 전통적인 에스프레소 광이 좋아하는 기계인데 높은 기술 수준을 요한다. 물탱크도 작고 특별한 청소 용액도 필요하다. 완력도 어느 정도 요구된다.

Pod(콩깍지) 기계는 정해진 맛의 에스프레소를 즐기기 위한 간편한 기계이다. 기술의 편차 없이 간편하게 에스프레소를 집에서도 즐길 수 있게 한다.

스토브-톱Stove-top 기계는 집에서 만들어 마시는 것으로 그런대로 괜찮다. 다만 이상적인 압력을 얻을 수 없기 때문에 최고의 맛을 얻을 수는 없다. 이태리 가정용으로 대중화되어 있다. 엄밀히 말해 에스프레소가 아니다. 진짜 에스프레소 기계는 적어도 9 bar(or 135파운드/평방인치)로 단단하게 뭉친 커피가루 사이를 빠르게 물을 통과시킬 수 있는 힘이 있어야 한다.

추출 준비

• **적절한 볶기** 원두 볶는 기술은 쉽지 않다. 기초를 배우는데도 매일 연습하여 1년이 걸린다. 어떤 전문가는 프렌치 로스팅시 2초의 오차만으로도 향미의 차이가 생긴다고 주장하는 정도이다.

볶는 기술의 첫 번째는 같은 향미의 볶기를 언제고 안정적으로 해내는 것이다. 두 번째로는 생두의 변화 상태를 파악하는 능력을 기르는 것인데 이것은 더 어렵다. 같은 생두라고 해도 생두는 1년에 걸쳐 계속 변화하니 그 차이를 아는데 시간이 필요하다. 단시간에 알 수 없고 지름길이 없다.

에스프레소용 로스팅은 시티에서 최대 프렌치까지이다. 지역에 따라 에스프레소 커피 볶는 정도의 문화가 조금씩 다르다. 미국 동부는 가볍게 볶고 서부는 진하게 볶는다. 미국은 우유를 타먹는 습관 때문에 프렌치에서 이탈리안까지 강한 볶기가 많다.

이태리는 의외로 시티가 대세이고 북부의 밀라노, 토리노에서는 미디엄을 즐긴다. 남쪽으로 갈수록 강한 로스팅을 즐기지만 프렌치까지는 가지 않는다.

북유럽과 호주는 이태리 스타일, 일본은 시애틀 스타일이 많다.

이태리, 프랑스의 에스프레소는 로부스타종의 사용 비율이 높으나 스타벅스의 미국에서는 아라비카종이 대세다.

•**에스프레소용 원두 블렌딩** 에스프레소 커피콩은 어떠한 콩을 섞어도 된다. 그리고 블렌딩을 위해서는 산지별 특성을 감안하여 섞는다.

브라질 콩은 산미가 적고 바디감이 있어 산미의 조정을 위해 섞는다. 에티오피아의 습식 커피는 향미를 밝게 하기 위해 섞는다. 케냐는 바디와 산미를 동시에 가졌기에 깊이 있는 향미를 위해 섞는다. 탄자니아는 캐러멜 같은 뒷맛이 나고, 과테말라는 바디가 강하다. 코스타리카는 화사한 산미, 초콜릿 같은 맛을 더해주는 경향이 있다.

추출

필터 추출과 달리 에스프레소용 커피는 볶은 원두를 1-2주 가스가 빠져나간 후 갈아서 사용하는 것이 좋다고 한다.

좋은 기계는 모두 88도에서 90.5도 사이에서 추출 온도를 자동 조정한다. 컵으로 흘러 들어가는 온도는 73도 전후인데 입술에서는 다소 뜨겁게 느껴지지만 못 마실 정도는 아니다. 적정 온도에 마시려면 컵을 미리 데워놓아야 쉽게 식지 않는다.

뿐만 아니라 Portafilter, Group Head 등 추출기계도 미리 데워 놓아야 적정온도를 맞추는데 도움이 되므로 "첫 번째보다 두 번째 에스프레소가 항상 맛이 더 좋다"는 얘기가 나온 것이다.

• **추출 압력** 표시가 어떻게 되었거나 요즈음은 8-11Bar에 세팅이 되어 있다. 아주 곱게 갈아진 커피와 강한 탬프 프레셔tamp pressure가 힘의 저항을 유도하지 않으면 좋은 에스프레소는 얻어지지 않는다.

Tamp Pressure 몸을 써가면서 단단하게 조이는 Tamp Pressure가 필요한 전형적인 기계는 Gaggia, Rancilio, La Pavoni (piston style), Francis가 있고, 적은 힘으로도 강한 압력을 만들어내게 만들어진 기계는 Saeco, Capresso, Solis가 있다.

바리스타 대회에서는 싱글 오리진 에스프레소 혹은 에스프레소 블렌드를 사용하여 3가지를 선보인다.

첫째, 에스프레소, 둘째, 카푸치노(우유 장식이 있건 없건), 셋째, 술, 초콜릿, 레몬, 크림을 결합시킨 응용 에스프레소를 4개씩 15분 이내에 만들어 제공하면서 제조법과 이유를 설명해야 한다.

에스프레소 만들기에서 가장 핵심적인 것은 온도이다. 전문가들은 이상적인 온도 대비 1도 차이로 우려낸 것도 구분할 수 있다고 한다. 가장 좋은 기계조차도 화씨 6도의 편차가 있었는데 차츰 그 편차를 줄이는 기계적 기술과 실천의 발전이 지속적으로 이루어지고 있다.

에스프레소의 응용

• **리스트레토Ristretto** Restricted(제한된)란 뜻으로 더 작고 강하

게 만든 에스프레소이다. 커피가루는 같은 양을 사용하나 뜨거운 물을 적게 사용한다. 같은 시간에 추출해야 하니, 가루 굵기를 더 잘게 해야 추출 시간이 같아진다.

• **룽고Lungo** Long이란 뜻으로 같은 커피가루 양에 물을 2-3배 더 사용한다. 당연히 커피가루는 약간 굵게 해야 한다. 선호도가 떨어지는 에스프레소이다.

에스프레소 응용 커피

• **클래식 카푸치노** 에스프레소를 뽑아낸 후, Steamed milk(데운 우유)와 Foam(거품)이 곁들여지는데 150-180cc의 도자기잔에 담아 나온다.

60g 에스프레소 + 120cc 스팀드 밀크 + 밀크 거품.

밀크 스티머가 없다면 30초간 전자레인지에 우유를 데운 후, 50퍼센트 정도가 거품이 될 정도로 거칠게 휘젓는다. 거품 밑에 가라앉은 우유를 머그컵에 붓는다. 그 다음 에스프레소를 붓는다. 위에 있는 거품을 걷어낸다.

우유 맛이 나는 에스프레소 파생 상품에 관해서 말할 때 사람들은 둘 중의 하나를 편파적으로 강하게 지지하는 경향이 있다. 즉, 라테냐 혹은 카푸치노냐. 둘 중에서는 카푸치노가 더 복잡한 선택이다. 17세기 이태리에서 개발된 커피이지만 요즘 이태리에서 카푸치노를 주문해도 미국 커피집에서 마시는 것이나 다를 바 없는 것이 나온다. 바야흐로 국경이 없는 시대다.

• 마키아토 진한 에스프레소를 부드럽게 마실 수 있는 파생 상품으로, 우유 첨가 커피 중의 대표. 이태리어 마키아토Macchiato는 milk로 표시된 marked이라는 뜻이다. Steamed milk가 위에 덮여 있지만 아래에는 진한 에스프레소가 있다. 우유가 맛을 조금 부드럽게 해주지만, 여전히 커피향과 맛이 살아있다. 마키아토 역시 에스프레소 전용의 두껍고 작은 드미타스로 마시는 것이 향미를 살려준다.

• 캐러멜 마키아토 환상적인 스타벅스의 창조물인데 집에서 만들어 마실 수 있다. 에스프레소와 우유는 위의 레시피와 같고 + 바닐라 시럽 1 티스푼 + 캐러멜 시럽 1 티스푼 + 휩트 크림 한 방울에 맨 나중에 에스프레소를 넣고 저어 마신다.

• 모카치노Mochaccino 아침 식사시 패스트리나 베이글과 잘 어울리는 커피이다. 60cc 에스프레소 + 초콜릿 시럽 1.5 테이블 스푼 + 스팀드 밀크 120cc + 눈곱만큼의 코코아 및 계피가루로 고명을 얹는다. 카푸치노와 제조법이 같다.

• 카페Café 아메리카노(이태리에선 Caffe라는 단어를!)

에스프레소 맛이 나는 연한 커피를 마시려면 아메리카노를 마셔라. 60cc의 에스프레소에 240cc의 뜨거운 물을 섞으면 된다. 간단하다. 더블 샷에 뜨거운 물이다.

이태리 사람들이 카페 아메리카노를 약간 무시하는 경향이 있다. 그럴 만도 한 것이 적대국 미군들이 점령군으로 들어와서 자신들이 자부하는 이태리식 에스프레소를 그대로 존중하지 않고, 뜨거운 물을 왕창 섞어 희석해서 마시니 곱게 보일 리가 없었을 것이다. 물을 많이 부어 흐릿하게 만든 커피 맛을 개선하려면 150cc 정도의 적은 물만을 부어달라고 해볼 필요가 있다.

•카페 라테 카푸치노가 복잡한 유럽스타일의 커피라면 카페 라테는 미국식이다. 이태리에서 '라테Latte' 달라면 우유를 가져다 주어 당황할 것이다. '카페 라테Caffe Latte' 달라고 해야 아침밥 먹는 시간에만 얻어 마실 수 있는데 미국식 큰 잔이 아니고 작은 잔에 나온다.(미국에서 흔한 garlic bread도 이태리에서는 얻어 먹을 수 없다.)

미국에서 라테를 시키면 a Shot(or double) of Espresso에 Steamed milk 곁들인 360cc의 큰 잔에 아침이건 저녁이건 점심이건 관계없이 얻어 마실 수 있다.

•플랫 화이트Flat White 뉴질랜드와 호주에서 시작된 에스프레소 파생품이며 두 나라 간에 원조 논쟁이 일어날 정도로 현재 미국과 영국에서 산불 번지듯이 선풍적인 인기가 있다. 보통 카푸치노는 도자기잔에 코코아 가루를 뿌려 나오고, 라테는 유리 텀블러에 담겨 나오는 것이 전통이다.

그런데 플랫 화이트는 카푸치노의 도자기컵에 코코아 가루가 없이 나오는 새로운 메뉴이다(텀블러는 손잡이가 없고, 컵은 손잡이가 있는 잔을 말한다).

•모카Mocha 카페 모카 혹은 모카치노는 라테, 코코아 믹스나 초콜릿 시럽을 곁들인 카푸치노다. 커피 성분의 초콜릿이다. 요즘은 16세 넘은 사람들도 이런 음료를 마시지 않을 만큼 어린애(?) 취향이다.

•에스프레소 콘파냐Espresso Con Panna(에스프레소+생크림) 보통 카페 비엔나Café Vienna로 알려져 있는데 에스프레소 위에 생크림whipped cream을 얹은 것이다. 에스프레소의 강한 맛이 부드러워진다.

거품 우유 만들 때 주의할 점 65도 넘지 말 것. 거품 우유는 에스프레소 계열의 커피 맛의 상당 부분을 좌우하는 매우 중요한 요소이다. 이를 잘 만드는 것이 그만큼 중요하다.

스팀 노즐을 작동시켜 우선 증기를 빼고 350cc의 피처에 150cc 우유를 넣는다. 노즐을 바닥 위 5밀리미터 정도에 담가 놓고 증기 밸브를 열어 증기를 주입한다. 피처를 낮추어 표면 가까이 노즐을 위치시키면 공기를 머금은 우유가 표면으로 올라온다. 거품이 생기며 우유의 양이 1.5배로 늘어나면 다시 노즐을 4-5센티미터 깊이로 집어넣는다. 피처를 돌리며 거품을 없애고 증기 밸브를 잠근다. 65도를 넘으면 거품과 우유로 분리되므로 너무 뜨겁게 하지 않는다. 잘 만들어진 거품 유유

foamed milk는 2시간이 지나도 사라지지 않는다고 한다.

이태리의 영향으로 북유럽, 덴마크, 노르웨이, 스웨덴에서도 에스프레소를 즐긴다. 우유나 다른 가향 가미제를 넣은 것도 즐긴다.

일본은 1996년 스타벅스의 진출과 함께 이태리 요리붐도 일어나 에스프레소가 퍼졌다. 스타벅스의 탄생지 시애틀에서부터 에스프레소가 퍼졌는데 그냥 마시는 것보다는 우유나 캐러멜, 꿀을 넣어 마시는 것도 인기다.

집에서 에스프레소에 도전 해볼까?

에스프레소는 틀림없이 그 자체로 뛰어난 커피의 하나이다. 당연히, 집에다 기계를 설치하여 즐기려는 애호가도 생기게 마련이다. 에스프레소는 복잡한 기계로 만드는 기계 커피이다. 그래서 에스프레소 커피의 품질은 그 기계의 품질에 정비례하기 쉽다. 에스프레소 대회에서 1등을 한 바리스타라 할지라도 월마트에서 40만 원에 산 기계로는 좋은 에스프레소 커피를 뽑아내지 못한다. 집에서 그런대로 에스프레소라 부를 만한 커피를 만들기 위해서는 최소한 백만 원짜리 기계로 시작하는 수밖에 없다. 뿐만 아니라 이에 걸맞은 좋은 전기 커피 분쇄기도 필요하다.

또 에스프레소 기계를 다루는 난이도가 장난이 아니다. 제3의 물결의 커피집에서는 바리스타를 고용할 때 다른 제3의 물결의 커피집에서 경력을 쌓은 사람이 아니면 쓰지 않는다.

왜 그럴까? 에스프레소 기계를 다루어 보았다고 해도, 훈련과 연습시간이 많이 필요하거니와 훈련 중에 만든 커피 맛은 제대로 나오지도 않는다. 설사 당신이 돈과 시간이 충분하다고 하더라도 에스프레소 기계를 사지 말아야 할 또 다른 부정적인 이유는 아래와 같다.

- 이 기계가 집안에 있으면 어수선하다.
- 좋은 커피를 만들기 위해선 언제나 티끌 하나 없이 깨끗한 상태를 유지하고 있어야 한다.
- 깨끗하게 기계 상태를 유지하려면 육체적으로도 고달프다.
- 기계뿐만 아니고 분쇄기 설치를 위한 충분한 공간이 필요하다.
- 소음이 심하다.
- 시간이 많이 걸린다.
- 친구들을 집으로 초대했을 때, 한 사람 한 사람 커피를 따로 뽑아 주어야 하고, 한 잔 뽑고는 기계를 씻어내는 반복적인 작업으로 시간이 걸린다. 친구들은 그 사이 추출 소음과 함께 오랜 시간을 지루하게 얘기해야 할 것이다.
- 맛 내기가 쉽지 않다.
- 낑낑거리며 오랜 시간을 들여 만들어낸 커피라는 것이 동

네 커피 전문점에서 후다닥 만든 것보다 훨씬 맛없는 커피가 나올 가능성이 높다.

- 친구들이 돌아간 다음에 또 다시 기계를 깨끗이 씻어야 한다.

이런 과정을 겪으면서도 몇 가지의 추출 방식에 관해 제법 숙달이 되어 프로처럼 뽑을 수준이 되면 집에 더 좋은 기계를! 하는 꿈을 꾸게 될 것이다. 그러나, 그 시간이 있다면 훨씬 싸고 좋은 커피를 집에서 만들어 마시는 것이 좋을 듯하다.

French Press, Pour-Over, Chemex, Aero Press, Espro Press, Clever Coffee Dripper, Siphon, Moka Pot, Turkish Coffee, Eva Solo Café Solo, Single-Serve Coffee Machine, Cold Brew, Experimental Brewers 등 아주 흥미로운 방식의 도구에서 독특한 맛을 풍부하게 낼 수 있으니 이런 도구로 열심히 연구하는 편이 어떨까?

블렌딩 커피

• 나라별, 지역별 향미 특성

블렌딩 커피의 몸체와 산도 등 중심이 되는 맛을 담당하는 커피가 있다. 과테말라의 안티구아, 코반, 우에우에테낭고, 코스타리카의 타라주, 트레스리오 등 표고 높은 곳의 커피와 콜롬비아 커피가 이러한 역할을 담당한다.

두드러지게 튀어나오지 않고 겸손하게 조화를 이루는 역할을 하는 커피로는 페루, 브라질(산토스), 파나마, 엘살바도르, 니카라과, 멕시코 등이 있다.

과일 및 포도주의 향기와 맛을 강화시키기 위한 커피로 에티오피아의 하랄은 건식가공으로 복잡하고 달콤하고 풍부한 신맛을 가진다. 예멘의 모카도 하랄과 비슷하나 성격이 상대적으로 조용하다.

이르가체프는 다크 로스팅을 하여도 높은 색조의 과일향, 감귤향을 더할 수 있고, 케냐는 강한 신맛, 과일향, 딸기향, 와인향이 있다.

기본Base이 되기 좋은 것으로 수마트라의 만델링, 린톤, 아체의 것, 술라웨시, 파푸아뉴기니의 유기농과 Y Grade, 동티모르 커피가 있다.

•로부스타의 블렌딩

깨끗하게 가공된 로부스타는 덤덤하고, 덜 투명하고, 모호한 단맛, 약간 쓴맛에 강한 곡류의 맛이 있다. 에스프레소용 커피를 블렌딩할 때 10-15퍼센트 정도의 로부스타가 바디와 깊은 맛을 담당한다. 그러나 이는 습식에 한하는 얘기이다. 건식은 어느 경우에나 피하는 것이 좋고, 특히 베트남의 것은 피해야 한다.

이태리의 에스프레소 장인들은 베이스로 브라질의 산토스

를 좋아하고 미국 서해안에선 페루와 멕시코 콩을 좋아한다. 바디감과 풍성함을 위해 습식가공을 한 로부스타를 넣기를 좋아하는 바리스타도 있다.

• 전문가의 블렌딩 노하우

당신이 원하는 맛을 내는 몇 가지 방법이 있다.

- 추출하여 콩별로 따로따로 맛을 봐라.
- 향기, 향미, 산도, 몸, 여운을 기록한다.
- 단맛과 묵직한 몸의 커피를 출발점으로 삼아 거기에 소량의 다른 커피를 더한다.
- 출발점을 바탕으로 목적지를 정한다.
- 새로 첨가한 맛이 더해진 섞인 커피향과 맛에 대한 기록을 남긴다.
- 당신이 원하는 향미가 나올 때까지 3-4개의 커피를 섞는다.
- 섞는 비율을 바꿔서 실험을 해보라.
- 자신이 직접 볶는 경우, 한 종류의 커피를 다른 것보다 약간 가볍게 혹은 진하게 볶아 섞어본다.
- 블렌딩을 하려면, 생두별 특성이 달라 로스팅을 별도로 하여 섞어야 한다.

카페인은 커피 맛에 어떤 영향을 줄까? 카페인은 신경계에는 영향을 많이 주지만, 풍미에는 많은 영향을 미치지 않는다. 분리된 카페인은 아무 맛도 없는 하얀 가루에 불과해서 카페인이 없다고 해도 커피 맛에는 별 영향이 없다. 단, 개인별 감지능력의 차이는 있을 것이다.

커핑Cupping

커핑이란 와인으로 말하자면 전문가의 테이스팅Tasting과 흡사하다.

맛과 향 등 커피의 가치를 객관적으로 판단하기 위하여 맛을 보고 점수를 매기는 것을 말한다. 커피 전문가들이 주로 하지만, 애호가들도 할 수 있다. 이를 통해 커피의 개성을 잘 파악할 수 있다.

커핑의 개요

같은 양의 커피를 갈아 무게를 단다. 분쇄된 가루의 향을 맡아본다. 우선 10종류의 커피를 한 종류당 4개의 하얀 도자기 컵에 40잔을 담아낸다.

맛보기 전, 가라앉은 커피의 향을 맡아보고 기록한다. 떠오른 커피의 거품을 티스푼으로 걷어내고 다시 향을 맡아본다.

그리고 요란한 소리를 내면서 티스푼으로 떠낸 커피를 입속으로 공기와 함께 힘차게 빨아들이며 맛과 향을 구분해낸다.

한 모금씩 끊어가면서 입을 통과시키며 향과 맛을 구분한다. 그리고 다시 뱉어내면서 기록한다.

온도는 뜨거운 것, 중간인 것, 차가운 것 모두 맛보아야 한다.

커핑은 지나가는 자동차 번호판에 있는 숫자를 기억하는 것과 같이 어렵다고 전문가들은 얘기한다.

단맛은 체리를 수확할 때 얼마나 익었느냐와 관계가 있다고 알려져 있다. 단점으로 알려진 짠맛은 토양에서 나오며, 커피가 땅 위에서 건조될 때도 이 맛이 나온다. 쓴맛은 카페인에서도 나오고, 트리고넬라인에서도 나오며 볶는 과정에서도 생긴다. 향기로운 풍미나 고기맛이 나는 것은 커피 가공(발효)과정에서 생기는 이스트 효과와 관련이 있다고 생각한다.

분쇄 커피가루에서 나오는 향기는 '프래그런스Frangrance'라고 말한다. 향미Flavor는 향기fragrance, Aroma와 맛Taste을 동시에 느낄 때 쓰는 용어이다. 와인으로 말하면 'Nose'에 해당한다.

커핑법

• **견본 준비** 볶은지 8-24시간 지난 콩을 사용한다. 볶는 시간은 8-12분, 미디엄 정도. 서늘하고 어두운 곳에 보관. 물과 커피의 비율은 물 150cc에 커피가루 8.5g.

• **커핑 준비** 한 종류당 최소 5가지의 잔을 준비하여 균일성을 유지한다. 페이퍼 드립Paper Drip의 표준보다 약간 더 거칠게

갈아 커핑 컵에 넣는다. 갈아 넣은 후 15분 이내에 93도의 뜨거운 물을 붓는다. 가루를 휘젓지 않은 채 3-5분 지난 후 커핑을 시작한다.

• **평가 항목**

Fragrance & Aroma : 가루향 및 커피 우린 후의 향기.

Favor : 입에 넣었을 때의 향기와 맛의 결합.

Aftertaste : 여운Finish.

Acidity : 산도.

Body : 몸의 무게와 질감.

Balance : 향미의 균형.

Uniformity : 5컵의 향미의 균일성.

Clean Cup : 맑기 및 전체적인 결Texture.

Sweetness : 단맛.

Defect : 결점(점수에 뺄 것).

Overall : 종합적 평가.

Defect를 제외한 다른 10개 항목의 만점은 각 10점이며 0.25점 단위로 평가한 후, 마지막으로 Defect 점수를 다시 뺀다. 총점이 80점 이상이면 스페셜티 커피 등급에 해당된다고 판정한다.

• **커핑Cupping 실제**

첫째, 가루의 향을 맡은 후, 커피물을 넣어 3-5분 지난 후

아로마를 점검한다. 이때 표면에 뜬 부유물을 3번 정도 저어 낸 후 작은 티스푼으로 떠서 향을 점검.

둘째, 커피가 70도 정도로 내려간 후(93도의 뜨거운 물을 부은 후 10-12분 경과) 강하게 커피를 흡입한다. 이때 Flavor & Aftertaste를 테스트한다. 그리고 온도 60-70도 시점에서 Acidity, Body & Balance Test.

조금 더 내려간 온도에서도 2-3차례 더 위의 항목을 테스트 해본다.

셋째, 온도가 21-27도(평온)에서 Uniformity, Clean Cup & Sweetness를 테스트한다. 이때 5개의 컵 하나 하나를 2점 만점으로 개별 평가하여 합산한다. 온도가 21도에서 평가를 멈추고, 종합 평가를 매긴다.

넷째, Defect 점수를 빼서 최종 점수를 낸다.

| 나가는 글 |

한국의 스페셜티 커피 수준이 미국이나 일본과 어깨를 나란히 하는 수준에 올라있다는 얘기를 처음 들었을 때는 놀라움 반, 의심 반이었다.

그리고 또 한번 놀랐다.

커피의 품질을 결정 짓는 가장 중요한 요소는 땅과 기후 그리고 그 환경에 맞는 커피나무의 종류, 커피열매에서 생두를 발라내는 가공법이다.

그 다음이 볶기라고 할 수 있다.

커피의 산지, 토양, 기후, 커피나무의 특성과 가공법에 대해 역점을 두고 글을 정리하면서 틈틈이 서울과 지방의 이름난 스페셜티 커피집을 순례했다.

그리고 미국과 일본여행을 할 때, 좋은 커피집을 들러보기도 하고, 그곳에서 직접 구입한 원두를 집에서 내려 마셔보기도 하고, 유명한 미국의 스페셜티 커피 로스터의 한국 대리점에서 원두를 사다 우려내어 마셔보기도 하였다.

결론이 났다. 좋은 커피를 마시기 위해서라면 외국에 갈 필요는 없다는 걸!

평균적으로 대등한 수준은 아닐는지 모르나, 한국 최고의 로스터들의 수준은 선진국의 최고 수준과 대등했다.

양재동 WJ 커피의 에스메랄다 스페셜, 미국 ST사의 청담동대리점에서 마셔본 부드럽고 달콤했던 에스프레소, 영통 F에서 마신 만델링의 Cold Brew(더치커피) 커피도 차가운 가운데에서도 피어오른 진한 향미가 인상 깊었다.

삼성동의 K 커피에서 마셔본 하와이 코나의 깊고 풍부한 향미와 부드러움Silky Texture은 프랑스의 생테밀리옹의 고급와인에서 느낄 수 있는 깊고 부드러운 향미라고나 할까?

분당의 커피하우스 GB 카운터에서 마셔본 브라질 최고의 커피는 강력한 힘과 복합적 향미로 브라질 커피를 다시 생각하게 해주었다.

그런가 하면 상암동의 CT 커피집에서 마셔본 케냐 커피는 균형 잡힌 산도와 단맛, 넛츠의 고소함, 은은한 바나나의 향, 중간급의 바디감, 융단 같은 결을 제대로 느낄 수 있었다. 바리스타에게 최고라고 엄지를 들어보여 상찬을 하지 않을 수 없었다.

커피의 향미를 음미하는 기법은 와인에서 배운 것이라는 것은 잘 알려져 있다. 어떤 일본 전문가는 커피공부에 들어가기 전, 유럽의 와이너리에 가서 먼저 와인의 기초 공부를 철저히 하고 돌아왔다고 한다.

옳거니! 실력있는 선생에게 배우면 시행착오가 확 줄어드는 법이다.

Fragrance와 Aroma를 구분하는 것, 입안에서 느껴지는 무게와 질감을 표시하는 몸Body, 입 안을 천천히 지나가면서 느껴져 오는 결Texture, 맛을 표현하는 단맛, 신맛, 쓴맛의 구분, 향미에서의 다양한 꽃향기, 다양한 과일의 향과 맛, 초콜릿이나 너츠nuts류의 맛, 땅과 관련된 습한 나무·버섯향과 미네랄 등. 이 모든 것을 와인과 마찬가지로 커피에서도 느낄 수 있으며 표현도 같다. 마시고 난 다음 남는 여운을 중요하게 생각하는 것도 와인과 같다.

많은 지표와 표준을 와인에 신세지고 있는 커피이지만, 와인과 경쟁하여 압도적인 우위를 가지고 있는 분야가 몇 개 있다.

우선 값 대비 만족도, 가성비이다. 한 잔에 비슷한 행복감을 느끼기 위해 지불하는 비용이 커피가 압도적으로 싸다. 실제 좋은 생두에 잘 볶는 로스터의 원두를 사다 집에서 갈아 우려 내어 마셔본 경험으로도 확인이 가능하다. 매일 아침을 가족과 함께 직접 내린 커피로 시작하면 그냥 행복해진다. 다른 구구한 행복의 조건이 필요 없어진다. 대화가 부족해지기 쉬운 우리 생활에서 대화의 중매자로 커피만 한 것이 있을까?

그 다음, 와인은 완성된 병을 사서 두근거리는 마음으로 마개를 열어보아야 결과를 알 수 있다. 때로는 기대보다 좋은 향미가 나타나지만, 어떤 때는 기대치보다 훨씬 떨어지는 모습이 나타난다. 값비싼 와인이라고 해도 좋은 향미를 보장해주지 않는다.

그런데 커피는 믿을 만한 로스터에 가서 얼마든지 미리 맛보고 검증된 향미의 원두를 사올 수 있어 실패 확률이 거의 없다. 값이 싼 데다가 실패 확률도 없는 높은 행복지수가 보장된 음료라는 뜻이다. 일거양득이고, 일석이조라고 아니할 수 없다.

또 하나 놀라운 사실이 있다. 집에서 직접 내려 마시는 커피의 맛이 아주 높을 수 있다는 것이다. 세계 최고 수준과 대등한 한국의 스페셜티 커피집에서 최고의 바리스타가 내려 주는 커피 맛의 90퍼센트 정도를 집에서도 재현할 수 있다. 커피란

식품이 가진 놀라운 특성이 아마추어의 수준도 급상승시킬 수 있기 때문이다.

우리집에는 커피 우려내는 도구가 여덟 종류 있다. 크게 분류하면 필터에 담긴 커피가루에 물을 붓는 방식의 푸어 오버 Pour-Over 도구, 커피가루와 뜨거운 물을 처음부터 혼합하는 도구, 에스프레소 흉내내기 도구의 세 종류이다.

Pour-Over(Filter Drip) 도구로 칼리타Kalita와 하리오Hario 그리고 코노Kono의 세 가지가 있다. 여름에 활약하기 좋은 하리오의 Cold Brew dripper는 더워지기 전부터 찬 커피 좋아하는 딸의 입맛에 봉사했다.

여행용으로도 좋을 뿐 아니라 부드러운 맛을 내는데 최고인 에어로 프레스Aero Press와 커피 오일의 향미도 잘 살려준다는 프렌치 프레스French Press가 큰 것, 작은 것 두 세트가 있다. 최근 소개받은 일본의 유명한 커피 전문가 코노 씨로부터 그 회사 제품인 사이폰 커피 세트 하나도 얻었다.

스토브톱 모카Stovetop Moka보다 약간 성능이 좋다는 스토브톱 에스프레소 기계Stovetop Espresso Machine가 간혹 많이 볶아진 원두가 입수될 때마다 실력을 발휘하고 있다. 모두 싸고 소박한 추출 도구들이지만 놀라운 성능을 자랑한다.

이런 도구로 집에서 최고의 바리스타가 내는 맛의 90퍼센트쯤 추출할 수 있다고 장담하면 바리스타님들이 서운해할지 모르겠으나, 적어도 내 입맛 기준으로는 그렇다. 제3의 물결의 지도자들도 단 세 가지의 추출도구 즉, 푸어 오버, 에어로 프레스, 프렌치 프레스 정도로 얼마든지 다양한 커피를 만들 수 있다고 확신했다.

어찌보면 이 값싸고 간단한 도구로 우수한 바리스타가 내는 맛의 90퍼센트쯤 우려낸다는 사실은 실로 대단하지 않은가? 세상에 이렇게 싼 비용으로 삶을 풍요롭게 해주는 기호식품이라니!

커피라는 존재가 놀랍고 고맙다. 그래서 이 글은 커피라는 놀라운 존재를 우리들 집안까지 배달해준, 세계의 오지에 숨어있는 좋은 커피를 찾아 헤맨 세계의 전문가들의 노력에 대한 존경심을 바탕으로 작성된 것이기도 하다.

마지막으로 에스프레소에 대한 바람 한마디 덧붙이고 싶다. 자그마한 잔(드미타스, Demitasse)에 에스프레소를 시켜 마시는 사람을 보면 범접하기 어려운 어쩐지 커피를 잘 아는 꾼처럼 보인다. 그런데 나의 경험으로는 여러 번 시도한 다양한 Café의 에스프레소 맛은 그다지 감동적이지 못하였다. 청담동의 미국 S사의 대리점에서 마셔본 단 한 번의 달콤한 감동을 제외하고는 종주국 이태리에서도, 헤밍웨이가 울고(?) 갔다는 세계 카페의 본향 파리의 카페에서도 맛있는 에스프레소 단 한 잔 마셔본 기억이 없다.

얼마 전 커피 전시회에 세계에서 가장 유명한 기계의 하나인 LM사의 바리스타가 파견되어 에스프레소를 서빙했다. 그가 만들어 준 싱글 그리고 더블샷 모두 평범한 맛 이상이 아니었다.

혹시, 내 에스프레소에 대한 기준과 혀와 코가 이상한가? 미국의 커피 전문가 케빈 시노트Kevin Sinnott는 최고의 에스프레소는 매끈하고 부드러우며, 달콤한 맛을 느낄 수 있어야 한다고 했다. 당연히 동감이다. 나는 평소 단맛을 좋아하는 사람도 아니다. 가끔 마시는 와인도 단 와인보다는 드라이 와인을 좋아하는데 에스프레소의 쓴맛에는 왠지 호감이 가지 않는다. 에스프레소의 기준을 잡는 세계적인 전문가들이 대체로 에스프레소의 맛을 쓰게 만드는 것이 최고라고 착각하는 경향이 있는 것 아닌가 하는 의문조차 있다. 쓴맛의 뒤에는 반드시라고 할 만큼 단맛이 뒤따라오는 인간의 입맛 구조도 이해하는 편인데도 시중의 에스프레소 맛에서는 잘 모르겠다. 쓴 에스프레소가 싫으면 달콤한 시럽이나 첨가제가 들어간 것을 마시면 되지 않나 하는 의문도 있으나, 어디까지나 클래식한 순수 에스프레소에서 잊을 수 없는 행복한 맛을 먼저 찾고 싶은 것이다.

맛있는 커피 한잔으로 하루를 시작하는 나 같은 평범한 사람들을 감동시켜 줄 에스프레소 잘 뽑는 바리스타도 앞으로 만날 수 있을 것이라는 희망을 가지고 글을 마친다.

| 참고문헌 |

『커피브루잉』 by 도형수 2014

『권대옥의 핸드 드립커피』 2012

『신의 커피(God in a Cup)』 마이클 와이즈먼/유필문, 이정기 옮김

The World Atlas of Coffee, from Beans to Brewing-Coffees explored, explained and enjoyed by James Hoffmann 2014

Coffee Obsession by Anette Moldvaer 2014

Coffee Nerd by Ruth Brown 2015

How to Make Coffee So Good by Luca Vincenzo 2012

Home Coffee Roasting by 케네스 데이비즈 2003

『커피교과서』 by 호리구치 토시히데 2010

『스페셜티 커피의 책』 by 호리구치 토시히데

『Paper Drip 抽出技術』 by Taguchi Mamoru 2015

『훨씬 맛있는 커피를 마시기 위한 4단계』 by 田中昭彦

『한잔의 예술 Coffee』 케빈 시놋/고재윤 역, 2010

『커피의 거의 모든 것』 하보숙, 조미라 지음. 2013

| Websites |

소비자 정보 : www.coffeegeek.com
www.home-barista.com
도구, 설비 : www.1st-line.com
www.wholelattelove.com
www.chriscoffee.com
가정용 에스프레소 기계 : www.home-barista.com
집에서 볶으려면 : www.sweetmarias.com
커피만들기 : www.coffeegeek.com
Bloc. Talk : www.coffeed.com
Nick Joe의 커피 팟캐스트 : www.portafilter.net
100퍼센트 유기농 : www.taylormadefarms.com
www.terroircoffee

| Roaster & Sales |

www.wholefoodsmarket.com
www.starbucks.com
www.intelligentsiacoffee.com
www.stumptowncoffee.com
www.terroircoffee.com
www.counterculturecoffee.com
www.zokacoffee.com
www.victrolacoffee.com
www.espressovivace.com

www.allegrocoffee.com
www.deandeluca.com
www.gavina.com
www.batdorf.com
www.theroasterie.com
www.makingespresso.com
www.gimmecoffee.com